AF549606

MARTINA GOERNEMANN

SAUERTEIG

GLÜCK VERMEHRT SICH IN 4 TAGEN

FOTOS VON BARBARA SIMON

Bassermann

INHALT

WILLKOMMEN

SAUERTEIG IST SEELENFUTTER!

Kaum ein Tag, der nicht zu voll ist. Oder zu laut. Der nicht an der guten Laune oder unseren Nerven rüttelt.
Wir suchen atemlos nach der Entschleunigungstaste und wissen nicht, wo wir bei uns drücken sollen.
Scheinbar stellt sich innere Ruhe nur ein, wenn wir uns einschneidenden Naturerlebnissen hingeben oder halsbrecherischen Yogaübungen. Aber den meisten von uns steht abends kein Baum zum Umarmen zur Verfügung und bedauerlicherweise fehlt häufig auch der Antrieb für den »nach unten blickenden Hund« auf der Yogamatte.

Vielen von uns ist das Vertrauen abhandengekommen, dass am Ende das meiste gut wird.
Ich war auf der Suche nach einem Tool, um das zurechtzurücken. Keine tantrischen Bewusstseinserweiterungen oder aufsteigende Bäder. Etwas Einfaches! Etwas, das uns beruhigt, wenn die Welt an uns zerrt. Ich erinnere mich, dass es ein Mittwoch war, als ich lächelnd in ein Glas mit einer beigefarbenen Masse schaute. Ich hatte den Sauerteig entdeckt.

Sauerteig ist mehr als ein hausgemachtes Backtriebmittel.
Sauerteig ist Lebensphilosophie im Glas. Mit ihm können wir Tugenden aus uns herausholen, an die wir ohne Sauerteig gar nicht herankommen würden.
Er macht Vorsichtige mutig und füllt stille Wasser mit Stolz. Er lotst uns in ruhige Fahrwasser, wenn Nervosität um sich greift, und lehrt uns, nicht aufzugeben.

Meine ersten Versuche waren ein Machtkampf!
Ich wollte dem Sauerteig zeigen, wer der Chef an der Schüssel ist, aber der Sauerteig lehrte mich, die Kontrolle an ihn abzugeben, und Geduld. Mit mir und mit ihm. Sauerteig geht viele Male durch unsere Hände. Bis ein Brot daraus wird, kennen wir ihn so gut wie einen Freund. Der Teig wird gefaltet, gezogen, bedampft und manchmal mit einem Muster versehen. Und wenn die Laibe dann aufgehen, strahlen wir vor Stolz.

Sauerteig zu züchten und damit Brot zu backen ist das neue »Ohmmmm!«
Ein »Ohmmmm!« mit Bodenhaftung! Jeder sollte ein Gläschen hausgemachten Sauerteig bei sich im Kühlschrank wohnen lassen und so oft wie möglich damit backen.

MEHL UND WASSER ZUM LEBEN ERWECKEN

Am Anfang war das Brot. Sauerteigbrot.
Ungekünstelt und gut. Ich wollte solche Brote backen. Brote, deren Kruste kracht und die unschlagbar gut duften.
Meine Entschlossenheit erhielt einen Dämpfer, als ich lernte, dass Sauerteig von Sauerteigstartern in Schwung gebracht werden muss. In manchen Rezepten war auch von Anstellgut die Rede. Ich war verwirrt.

Sauerteigstarter würden in leeren Konservengläsern wachsen und aus Mehl, Wasser und Geduld bestehen.
Diese Erkenntnis verdankte ich dem Internet. Manche würden sogar von Generation zu Generation weitervererbt. Sauerteig könnte dem, der ihn erschaffen hat, ans Herz wachsen wie ein Haustier. Wie bitte?

Ich wollte auch so ein Haustier.
Einen Sauerteigstarter, den ich höchstpersönlich großgezogen habe. Für die Aufzucht gibt es viele Rezepte. Ich wählte die 1:1-Methode. Dabei werden Mehl und Wasser im Verhältnis 1:1 verrührt und in ein Glas gefüllt. Warm gestellt und an drei weiteren Tagen jeweils zur gleichen Zeit nachgefüttert. Der Starter im Glas wird dabei jedes Mal auf sein Ausgangsgewicht reduziert bevor er mit Mehl und Wasser 1:1:1 in die nächste Futterrunde geht.

Biomehl soll den Start erleichtern, las ich. Ich nahm sogar Biovollkornmehl, denn das würde den Starter zu Höchstleistungen antreiben.

Leitungswasser sei okay, lernte ich. Wasser, das mit Chlor versetzt ist, allerdings nicht. Ich war in München auf der sicheren Seite, denn unser Leitungswasser ist erstklassig.

Meinem Sauerteigstarter fehlte es an nichts.
Er bekam Aufmerksamkeit und einen Platz am Fenster mit Blick in den Garten. Die Öffnung seines Glases war liebevoll mit einem Stoffstück verschlossen, um nützlichen Mikroben aus der Luft den Zugang zu erleichtern. Und was war der Dank? Mein neues Haustier lag faul in seinem Glas herum und blubberte lustlos. Über das erste Brot will ich gar nicht reden.

So nicht!, dachte ich und startete Rechercherunde zwei. Ich klapperte das Internet nach brauchbaren Tipps ab und schaute unzählige Videos auf YouTube an. Offenbar hatte ich vorschriftsmäßig gefüttert und gerührt und trotzdem schien mein Starter nicht sehr motiviert zu sein, mir beim Backen zu helfen. Ich beschloss, ihn in den Sauerteighimmel zu schicken und mir einen netteren anzurühren. Ein letztes Mal schaute ich auf seine Luftbläschen ... ein sehr hübsches Muster. Und obendrein roch er gut. Nach Müsli mit Apfel.
Aus Mehl und Wasser war Leben geworden. Ich brachte es nicht fertig, das Glas in den Abfluss meiner Küchenspüle auszuleeren. Vielleicht war der Sauerteigstarter ja einfach nur schüchtern? Oder besonders sorgfältig?

Wir brauchten Hilfe.
Einen Personal Trainer! Ich suchte nach dem Kühlbehälter, den ich irgendwann auf einem Flohmarkt gefunden hatte. Perfekt, um das Glas bei gleichbleibender Temperatur zu transportieren.
Mein Sauerteigstarter und ich würden verreisen. Nach Belgien. Dort gibt es eine »Sourdough Library«, eine Sauerteig-Bibliothek, und die hat bestimmt einen klugen Bibliothekar.

GLÜCK VERMEHRT SICH IN VIER TAGEN

St. Vith ist ein hübscher, kleiner Ort.
Die Sauerteig-Bibliothek ist auf dem Gelände eines ehemaligen Golfplatzes am Stadtrand untergebracht. Der Weg führt über lange Flure und an einer chromblitzenden Backstube vorbei. Hier werden neue Sauerteigrezepte ausprobiert. Überall riecht es nach frischem Brot.

An die Backstube schließt sich, hochgesichert und wohltemperiert, die Sauerteig-Bibliothek an.
Hinein kommt nur, wer den Zahlencode kennt, oder Karl De Smedt. Die belgische Firma Puratos betreibt dieses Archiv mit großem Aufwand. Jeder Sauerteig hat ein eigenes Fach und eine eigene Geschichte. Jedes Glas wird regelmäßig geöffnet, der Teig gefüttert und auf seinen Gesundheitszustand überprüft.

Karl De Smedt kümmert sich um die Sauerteige und reist durch die Welt, um besondere Exemplare für die Bibliothek zu sichern. Über die Ungewöhnlichsten dreht er sogar Filme.*
Er backt grandiose Brote, spricht sechs Sprachen und liebt den Sauerteig. Und weil er ihn nicht nur liebt, sondern wirklich alles über Sauerteig weiß, kann ich mir keinen besseren Personal Trainer für meinen schwächelnden Sauerteigstarter vorstellen.

Mikroorganismen aus Mehl und Luft bringen den Sauerteig zum Blubbern, erklärt mir Karl.
Sie fressen den Zucker, der im Mehl steckt, und bilden Essig- und Milchsäurebakterien.
Er malt mir sogar Bilder von grinsenden Milchsäuren und zeichnet eine Kurve, die das richtige Verhältnis der Säuren zeigt. Wenn der Starter nämlich zu kalt oder zu warm steht, dann bildet sich mehr Essig- und zu wenig Milchsäure oder umgekehrt. »Und dann kommt der Starter nicht in Schwung«, sagt Karl.
»Ich schwöre, ich habe alles nach Vorschrift gemacht«, sage ich.
Karl lacht. »Gib ihm Zeit. Dein Starter braucht gutes Mehl und du brauchst Geduld.«

Ich fühlte mich ertappt. Geduld gehört nämlich nicht zu meinen Tugenden.
»Sauerteig ist ein lebendes Wesen. Er ist so individuell wie wir. Manchmal zufrieden, manchmal schlecht gelaunt«, sagt Karl.

Karl spricht über Sauerteig wie über einen Freund.
Und ich beginne die Magie, die im Sauerteig steckt, mehr und mehr zu verstehen. Sobald so ein Starter anfängt zu blubbern, beginnt man ihn ins Herz zu schließen. Ihn wegen Trägheit im Abfluss zu entsorgen? Kein Gedanke! Ich war froh, dass ich stattdessen mit ihm bis nach Belgien gereist war, und ich würde nicht abfahren, ohne alle guten Tipps für die erfolgreiche Aufzucht eines Sauerteigstarters zu kennen.

Tag eins:
100 g Wasser plus
100 g Mehl verrühren
24 Stunden ruhen lassen

Tag zwei:
200 g Starter plus
100 g Wasser plus
120 g Mehl verrühren
24 Stunden ruhen lassen

Tag drei und vier:
200 g Starter plus
100 g Wasser plus
120 g Mehl verrühren
24 Stunden ruhen lassen

Der Starter, wie Karl De Smedt ihn anrührt, braucht vier bis höchstens sieben Tage, um in Dienst genommen zu werden.

Die Temperatur, bei der Sauerteigstarter am besten wächst, sollte möglichst gleichbleibend sein und zwischen 20 und 35 Grad liegen. Bei Temperaturen, die höher oder niedriger sind, bleibt er schmollend unten im Glas hocken.

Das Gummiband am Glas ist ein nützliches Messgerät. Es zeigt, ob der Starter reif ist. Der Gummi wird am Tag vier nach der Fütterung um das Glas gelegt und soll die Oberkante des Teiges markieren. Wenn sich der Starter innerhalb von acht Stunden verdoppelt, dann darf er zum ersten Mal backen.

Die Prüfinstrumente, denen wir immer vertrauen können, sind Nase und Augen. Wir können sehen und riechen, ob es unserem Sauerteigstarter gut geht. Stark saurer Geruch heißt, er hat er Hunger und braucht Mehl! Ein grünes Pelzmützchen bedeutet: Bye-bye, Sauerteig, denn mit Schimmel zeigt er an, dass er sich in den Sauerteighimmel verabschiedet hat.

Die Konsistenz eines gut entwickelten Sauerteigstarters ähnelt der von Apfelmus, sagt Karl. Wenn der Starter aus dem Glas gelöffelt wird, soll er mit einem eleganten Plumps in der Schüssel landen. Nicht fließen wie ein Milchshake und nicht wie ein Kloß aufklatschen.

Der Geruch eines einsatzbereiten Starters erinnert im besten Fall an Frühstücksmüsli. Fruchtig und milchig-mild säuerlich.

Der Kühlschrank ist der Lieblingsort des Sauerteigstarters, wenn er nicht arbeitet. Sobald der Starter ausgereift ist, wartet er dort auf seine Einsätze. Bevor gebacken wird, bekommt er Futter in der 1:1:1-Mischung und darf sich bei Zimmertemperatur aufwärmen.

ES LEBE DER STARTER!

Wenn der Beginn der Freundschaft gelungen ist, geht es darum, sie zu erhalten.
Am besten lebenslang. Damit das gelingt, gibt es ein paar sehr brauchbare Tipps.

Wenn der Schwung im Starter nachlässt, bekommt er Süßes.
Einfach das Wasser bei der Fütterung mit etwas Zucker oder Honig anreichern. Zack!, ist er wieder fit! Noch besser ist ausreichend Arbeit am Teig. Sauerteigstarter sind am glücklichsten, wenn sie regelmäßig gefordert und gefüttert werden.

Roggenmehl ist Starters Liebling.
Falls der Starter mal so doll nach Essig riecht, dass es in der Nase kitzelt, hilft Roggenmehl. Ein Esslöffel voll reicht, um die Milchsäurebakterien und die Hefe anzufeuern, damit sie gegen zu viel Essigsäure die Muskeln spielen lassen können.

Das Leben eines Sauerteigstarters ist nahezu unendlich.
Ich habe in der Sourdough Library steinalte Exemplare kennengelernt, die rüstig blubberten.
Alles eine Frage von Pflege und Standort. Der Kälteschlaf im Kühlschrank stoppt das Blubbern und lässt den Starter ruhen bis zum nächsten Brot.
Sauerteigstarter sind genügsam, sie überstehen Stillstand meist klaglos und oft viele Wochen lang. Allerdings braucht der Starter danach Zuwendung. Er sollte bei Zimmertemperatur stehen dürfen und alle acht Stunden gefüttert werden, und zwar eine Fütterung für jede Woche, die er auf Kühlschrank-Diät war. Jede Aufpäppel-Fütterung erfolgt 1:1:1:
Ein Teil Starter, ein Teil Wasser, ein Teil Mehl.

Hootch heißt Hunger!
Wenn ein Sauerteigstarter monatelang im Kühlschrank stand, bildet sich an der Oberfläche eine dunkle, wässrige Schicht. Das ist der sogenannte »Hootch«. Der Hootch sieht grimmig aus, ist es in Wahrheit aber nicht. Er zeigt nur, dass der Starter sehr, sehr hungrig ist. Der Hootch wird abgegossen oder untergerührt und der Sauerteig bei Raumtemperatur wie oben beschrieben wieder flott gemacht.

Nicht grübeln. Machen!
Diese Einstellung mag der Sauerteig am liebsten. Und auch teure Küchenaccessoires sind nicht nötig. Hilfreich sind eine Haushaltswaage und eine kräftige Küchenmaschine, aber nicht mal die ist am Anfang ein Muss. Es gibt nämlich wunderbare Rezepte, die ganz ohne Elektropower auskommen. Alles, was sonst noch gebraucht wird, ist garantiert in jeder Küche zu finden.

WIE KOMMT DAS GLÜCK AUS DEM GLAS AUF DEN TISCH?

Als ich anfing, die ersten Brote zu backen, stolperte ich ständig über Details, die mich verwirrten. Ich las zum Beispiel, dass Mehle unterschiedlich viel Wasser binden. Ich fragte mich, ob ich die Wassermenge ändern müsse, wenn ich in einem Rezept Weizen- durch Dinkelmehl ersetzen würde? Ich recherchierte und geriet in einen Strudel aus Informationen. Es gebe nicht nur Unterschiede beim Getreide, bedeutsam sei auch die Eiweißmenge im Mehl und ob es fein gemahlen oder Vollkornmehl sei. Außerdem könne der Jahrgang des Mehls entscheidend sein, die Mühle, in der es gemahlen wurde, und die Witterung, der das Korn beim Wachsen ausgesetzt war. Amerikanische Mehle würden generell mehr Wasser aufnehmen als europäische und von Bedeutung sei außerdem, ob es sich um abgelagertes oder frisch gemahlenes Mehl handele … Ich war kurz davor, das Küchenhandtuch zu werfen. Dabei wollte ich nur gutes Brot backen und nicht in Sauerteig promovieren.

Wer am Beginn der Sauerteigfreundschaft zu viel auf einmal will, landet in der Frustfalle. Niemand muss sofort mit »Koch- und Brühstücken« hantieren oder die ganze Palette der Sauerteigvokabeln kennen.
Wenn wir die Entschleunigungstaste gedrückt halten, fällt es leichter, uns auf den Sauerteig einzulassen. Ohne Fremdwörter, aber mit viel Spaß. Ohne komplizierte Teigführungen, aber mit guten und brauchbaren Rezepten.

Es ist ein guter Rat, mit beiden Beinen fest auf dem Küchenboden zu bleiben, wenn das Sauerteigabenteuer beginnt. Sätze wie »Das schaffe ich nie« sind ausdrücklich verboten. Jeder schafft das! Weil es leicht ist, wenn man es nicht kompliziert macht. Wer dem Sauerteig folgt, bekommt nämlich viel mehr als gutes Brot. Sauerteig ist Glück im Glas. Da gibt's nichts zu rütteln. Je mehr er gebacken und erlebt hat, desto mehr Glück. Für beide! Bäcker und Sauerteig.

Und wenn sich die Freundschaft zum Sauerteig Brot für Brot gefestigt hat, wird sie vertieft. Mit Büchern, Videos und Blogs und durch Facebook-Gruppen* in denen grandiose Fotos zu sehen sind von Croissants, Bagels und Baguettes. Teigjuwelen, vor denen man sich verbeugen und den Bäckern Danke sagen möchte. Danke für den Respekt, den sie mit ihrer Kunst dem Brot entgegenbringen.

Ein Sauerteigstarter wird besser und besser, je mehr er erlebt hat! Das hat Karl de Smedt gesagt und ich habe vor, zu beweisen, dass das stimmt.
Mein Sauerteig wird mich zu Menschen begleiten, die ihre Küchen für mich öffnen und ihre Herzen. Sie werden mir ihre Geschichten erzählen und gemeinsam werden wir zeigen, dass der Sauerteig das Zeug hat, uns glücklich zu machen. Anfänger! Sauerteigprofis! Alle!

»Machen wir jetzt wirklich eine Reise?«

»Ja! Du im Glas, ich im Auto.«

»Immer Auto?«

»Manchmal auch Flugzeug.«

»Wenn ich mich fies aufplustere und böse gucke, halten die mich beim Zoll für Sprengstoff. Dann erlebst du endlich mal was!«

»Kaum hast du ein paar zusätzliche Luftblasen verpasst bekommen, wirst du frech.«

»Vielleicht kommen wir dann sogar ins Gefängnis.«

»Erstmal bringe ich dich nach Bayern, da gibt es Arbeit für dich.«

»Und wenn ich unterwegs Hunger kriege?«

»Du wirst keinen Hunger kriegen, du reist ja in der Kühlbox.«

»Und wenn ich doch Hunger kriege?«

»So lange sind wir nicht unterwegs.«

»Wenn ich Hunger kriege, werde ich sauer und müffel dich an.«

»Sauer bist du doch schon.«

»Ich kann aber noch saurer und dann kannst du schauen, wer dir die Brote aufplustert.«

»Und du kannst jetzt schauen, dass DU in deinem Thermosbehälter bleibst ...!«

»Dreh das Glas nicht so fest zu. Ich brauch Platz zum Ausstrecken und kann nichts sehen hier drin.«

»Das war mein Plan! Ruh dich aus, es wartet eine Menge Arbeit auf dich!«

GEDULD

DORNRÖSCHENSCHLAF

Das Erste, was zu hören ist, ist Stille.

Das Erste, was zu sehen ist, sind mächtige Tore und Türen.

Das erste Gefühl, das sich einstellt, ist Geborgenheit!

Die uralten Mauern haben nichts Bedrohliches.
Sie legen sich um den Besucher wie ein beschützender Mantel. Mehr als 1000 Jahre Geschichte stecken in Kloster Wettenhausen und 1000 Jahre Handwerk. Sonnenstrahlen springen über das Kraut, das sich in den Mauerritzen der Laderampe vor der Brauerei gesät hat. Ich lasse mich in der Zeit zurückfallen und kann sehen, wie Fässer mit gutem bayerischem Bier verladen werden und nebenan die prallen Mehlsäcke aufgereiht vor der Mühle stehen. Hier wurde gebraut, gewurstet, gemahlen und gebacken.
Die Wirtschaftsgebäude blicken auf den Klosterhof. Von den mächtigen Türen blättert die Farbe und dahinter ist es still. Geräte und Maschinen schlafen einen Dornröschenschlaf.

»Schon als Kind hab ich die Koch- und Backbücher meiner Mutter mit ins Bett genommen …
Erst hab ich nur die Bilder angeguckt und später, als ich lesen konnte, waren die Rezepte meine liebsten Gutenachtgeschichten«, sagt Stefan Heins. Wundert es da, dass aus ihm der Prinz in der Dornröschengeschichte wurde? Der, der die Klosterbäckerei aus ihrem Schlaf erweckt hat?

Stefan Heins ist 27 Jahre alt und studiert an der Technischen Universität München.
Ein Leben in der Großstadt kann er sich nicht vorstellen, er liebt seine dörfliche, schwäbische Heimat und seinen Dialekt. In Wahrheit spricht er auch von einem »g'scheiten Brot« und sogar vom »beschten Brot«, wenn er ein gutes Brot meint.
Wenn Stefan Heins in fröhlichem Schwäbisch seine ersten Sauerteigerlebnisse erzählt, dann lacht er. Ein ansteckendes Lachen.

Mit 18 hat er sein erstes Brot gebacken.

Warum? »Weil bei uns im Dorf der Bäcker zumachte.« Stefan vermisste den gewohnten Geschmack und nahm sich vor, selbst zu backen. Sein erstes Brot war allerdings eine grandiose Bauchlandung.

»Ich dachte, wenn du schon backsch, dann backsch glei ein g'scheites Brot. Eins mit Sauerteig.« Den ersten Sauerteig bekam er vom Bäcker Böck aus dem Nachbarort geschenkt.

»Aber den kansch erscht morgen verwenden«, rief ihm der Bäcker nach. Stefan kümmerte sich nicht um den weisen Rat und begann zu Hause sofort mit dem ersten Brotteig.

»Ich hab einfach zu dem, was der Bäcker mir gegeben hatte, Mehl und Wasser gerührt und Salz, und dann hab ich den Teig in den Ofen geschoben und dann war's nix!« Stefan fährt zurück zum Bäcker, der ihm den Sauerteig gegeben hatte. Der grinst und ahnt Stefans Antwort schon, als er fragt: »Hat's klappt?« Stefan berichtet, dass das Brot hart und flach geworden ist. Das sei ja auch kein Wunder, sagte der Bäcker, denn ein Sauerteig brauche Zeit. Viel Zeit!

»Das hab ich net g'wusst!«, sagte Stefan zum Bäcker.

»Du hasch ja auch net g'fragt!«, sagte der Bäcker zu Stefan.

Inzwischen hören die Sauerteigbrote bei Stefan aufs Wort.

Er lässt ihnen genug Zeit zum Gehen und sie plustern sich vor Freude auf.

Begonnen hat er mit dem Brotbacken in Mutters Backofen. Irgendwann wird ein Backofen für den Garten angeschafft. Gebraucht, ein Exemplar, das mit Holz beheizt wird. Sechs Laibe Brot kann man darin backen. Aber vor dem Backen muss gerührt und geknetet werden.

Wer die Teigmenge für sechs Laibe Brot kennt, der weiß, dass viel Muskelarbeit nötig ist. Also sollte eine Knetmaschine her. Eine, die mit großen Teigmengen fertigwird. Aber Profi-Maschinen sind teuer. Auch hier wurde an ein gebrauchtes Exemplar gedacht. Was beim Holzbackofen für den Garten funktioniert hatte, sollte auch bei der Knetmaschine klappen. Klappte aber nicht. Weit und breit war keine bezahlbare Maschine in Sicht!

In Bayern ist es Brauch, einmal im Jahr historische Gebäude für die Allgemeinheit zu öffnen. Jeder soll dort Geschichte atmen, wo sonst Schloss und Riegel davor sind. Auch Kloster Wettenhausen öffnet regelmäßig am Tag des offenen Denkmals das Tor und Stefan Heins gehörte vor zwei Jahren zu den Besuchern.*
Die alte Klosterbäckerei liegt im Souterrain. Über eine Rampe führt der Weg nach unten zu einer unscheinbaren Tür. Dahinter liegt ein kleiner Vorraum, der sich nach rechts in die Klosterküche und nach links ins Backhaus öffnet. Wer oben im Klosterhof steht, mag kaum auf die Idee kommen, einen Blick in die Fenster zu werfen, die sich in Kniehöhe befinden. Zu schön ist alles, was in Augenhöhe zu sehen ist. Aber das Leben lehrt, dass auch der Blick nach unten segensreich sein kann. Stefan Heins blickte durch die Fenster hinab zum Souterrain und sah zwei Knetmaschinen, die in der alten Bäckerei des Klosters Wettenhausen dornröschenschlummerten …
Leider wollten die Klosterschwestern keine der Maschinen verkaufen, auch wenn die Bäckerei schon lange stillstand. Schwester Columba, die letzte Bäckerin des Ordens, hatte hier viele Jahre gewirkt und alles sollte bleiben, als sei sie gerade zur Tür hinausgegangen.
Die Regale, der Teigtisch, die Waage und sämtliche Maschinen … alles blitzblank geputzt und gegen den Staub mit mehlweißen Leinentüchern bedeckt. Das Backhaus der Dominikanerinnen von Kloster Wettenhausen war ein stilles Gedenken an Schwester Columba.

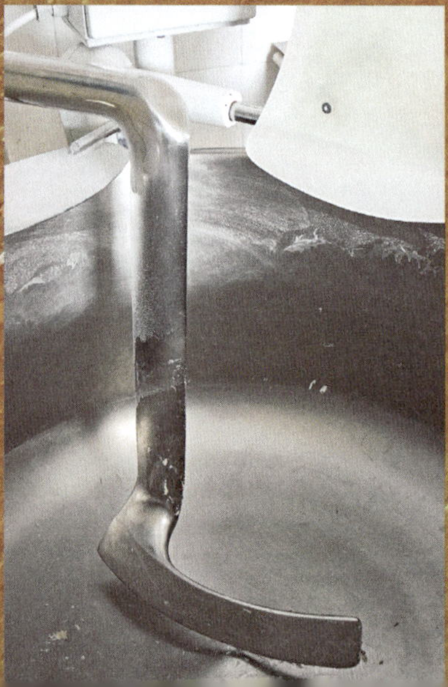

Gedenken ist gut, dachte sich Stefan Heins, aber es muss ja nicht still sein.
Mit Geduld und Hartnäckigkeit schaffte er es, die Schwestern davon zu überzeugen, im Souterrain neben der Klosterküche die Teigmaschinen wieder rumpeln zu lassen.
Der alte, zwei Meter tiefe Ofen, in den 60 (!) Brote passen, wurde wieder flottgemacht und seitdem gibt es – dank Stefan Heins – wieder Backtage im Kloster.

Bei so einem Backtag wollte ich dabei sein.
Ich wollte zuschauen, wie Stefans Klosterbrote entstehen, und ich wollte meinem Sauerteig endlich seinen ersten Job verschaffen. Gibt es einen würdigeren Rahmen für seine Premiere als ein tausendjähriges Kloster?
Obendrein hatte ich einen Plan. Nachdem mein Sauerteigstarter von Karl De Smedt in Belgien aufgefrischt und für reisetauglich erklärt worden war, wollte ich den Beginn unserer Sauerteigreise unter einen besonders guten Stern stellen. Ich wollte einen Segen mitnehmen.

Zwanzig Brote sollten nach Schwester Columbas Rezept in der Klosterbäckerei entstehen.
Gebacken aus Roggen- und Weizenmehl und Sauerteig. Viel Sauerteig! Mein kleiner Starter musste sich ganz schön aufplustern, um genügend Treibstoff für die Klosterbrote zu liefern. Während alle schliefen, machte er seinen ersten Job und er machte ihn gut. Nachdem der Vorteig wunderbar gelungen war, befüllte Stefan gleich frühmorgens eine der Knetmaschinen. Die Teigmengen, die für 20 Brote gebraucht werden, sind wirklich enorm.

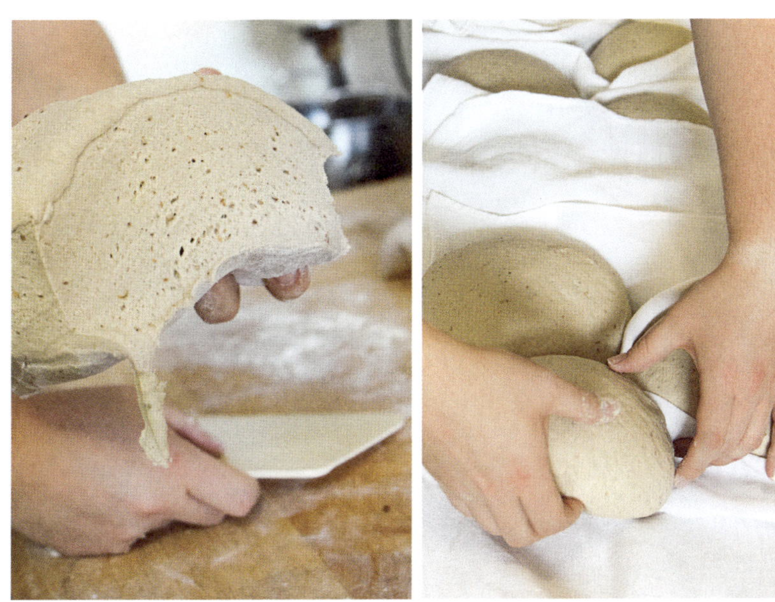

Respekt, denke ich, als ich Stefan bei der Arbeit zuschaue.
Alles, was er hier tut, wie er abwiegt, knetet und den Teig formt, zeigt, dass Brotbacken ihn glücklich macht. Als er die 20 Teigstücke nebeneinander aufreiht, jeder Laib mit Bäckerleinen vom anderen getrennt, hat das etwas Fürsorgliches. Ich könnte ihm stundenlang beim Backen zusehen. Das mild säuerliche Aroma des Teiges zieht durch die Klosterbäckerei und ich lehne an der Wand neben dem kleinen Weihwasserbecken, atme den Duft ein.

Weihwasserbecken!
Himmelherrje!
Ich habe mich festgeguckt. Schwester Michaela wollte mir Weihwasser abfüllen. Gerade war sie noch da! Ich laufe ihr hinterher Richtung Klosterküche und erwische sie, bevor sie im privaten Teil des Klosters verschwindet.

20 Laibe Brot sind fertig. Jedes Stück ein Kilo Brotpersönlichkeit.
Das Warten fällt schwer, bis die erste Scheibe abgeschnitten werden kann. Ich schaue zu dem kleinen Glas mit dem weißen Deckel. Es war ein langer Tag für meinen kleinen blubbernden Freund. Er ist hungrig!
Mit der großen Flasche, die Schwester Michaela mit Weihwasser gefüllt hatte, gehe ich zu Stefan und bitte ihn, den Sauerteigstarter für die Weiterreise zu füttern.
Weizenmehl aus Kloster Wettenhausen und eine Portion Weihwasser machen ihn fit für die Weiterreise, während auf mich frisches Brot mit knackiger Kruste wartet.

Schwester Amanda kommt in die Backstube.
Das ist eine Ehre für uns, denn Schwester Amanda ist die Priorin des Klosters. Sie hat ein ganzes Lehrerinnenleben Deutsch gelehrt und ihr Lachen ist bis obenhin gefüllt mit purer Herzlichkeit. Sie bringt Butter mit und der Imker, der gerade nach seinen Bienen im Klostergarten gesehen hatte, stellt ein Glas Honig dazu.
Für jeden gibt es eine Stulle, auf der die Butter zerfließt, weil das Brot noch warm ist, und weil das so unglaublich lecker schmeckt, gibt es noch eine Scheibe mit Honig hinterher.
»Ein gutes Brot!«, sagt Schwester Amanda, »einfach ein gutes Brot!« Dem ist nichts hinzufügen.

klosterwettenhausen.de

WETTENHAUSENER KLOSTERBROT
nach Schwester Columba

Stefan hat sich die Mühe gemacht, das Rezept für ein einziges Brot kleinzurechnen. Grammgenau! Ich bin beim Backen nicht so pingelig. Berufsbäcker müssen übrigens wirklich aufs Gramm achten, damit die Brote immer in der gleichen Qualität aus dem Ofen kommen. Homebaker dürfen sich da ein bisschen lockerer machen. Ich habe die Angaben einfach gerundet!

Als Erstes wird der Sauerteig hergestellt:
170 g Roggenmehl
10 g Sauerteigstarter
130 g Wasser
Diesen Vorteig über Nacht reifen lassen. Am besten 16 Stunden lang bei Raumtemperatur.

Am nächsten Tag wird der Hauptteig gemacht:
190 g Roggenmehl
350 g Weizenmehl
15 g Salz
8 g Hefe ... Warum ich die Hefe »Schwimmflügelhefe« nenne, erkläre ich später auf Seite 114.
320 g Wasser
4 g Brotgewürz nach Belieben

Sauerteig und Hauptteig in die Rührschüssel der Küchenmaschine geben und 10 Minuten mit langsamer Geschwindigkeit kneten. Der Teig ist fertig, wenn er glatt und fest ist. Er bleibt 20 Minuten zugedeckt in der Schüssel und hat es dort am liebsten warm, bei 26–28 °C.

TIPP
Die meisten Backöfen bringen es auf exakt 28 °C, wenn man nur das Licht anschaltet!

Nach den 20 Minuten Ruhe wird der Teig »rund gewirkt«. Mit Händen und Teigschaber formt man eine Halbkugel, die oben glatt und gewölbt ist. Auf der Unterseite, im sogenannten Schluss, wird der Teig zusammengedrückt. Mit dem Schluss nach unten kommt er in ein mit Stoff ausgelegtes und bemehltes Gärkörbchen.
Mit Plastikfolie abdecken und 90–120 Minuten gehen lassen. Den Backofen auf 250 °C vorheizen. Mehr schaffen die meisten Backöfen sowieso nicht. Den Brotteig aus dem Gärkörbchen stürzen, mit Wasser besprühen und mit einer Gabel viele kleine Löcher in die Oberfläche stechen.
Der Laib kann dann auf das Backblech oder den (heißen!) Pizzastein im Backofen geschoben

werden. Frei geschobenes Brot braucht viel Feuchtigkeit, deshalb muss für Schwaden gesorgt werden. Am einfachsten mit einem flachen, wassergefüllten Behälter auf dem Backofenboden. Später verrate ich noch ein paar Methoden mehr.
Den Backofen nach 10 Minuten auf 200 °C zurückschalten und das Brot in 50–60 Minuten fertig backen. Einfacher geht es im heißen Topf. Wie das geht, erzähle ich später auf Seite 57.

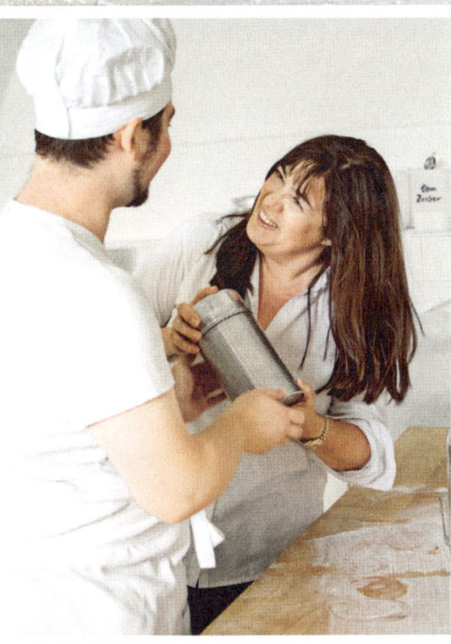

BROTPUZZLE UND BRATENSAUCE

Brotpuzzle? Ich kenne ein gigantisches Brotpuzzle. Sogar in 3-D! Wie geschaffen für Leute mit Geduldsfäden so dick wie Feuerwehrschläuche. Und das Beste, man kann es nicht nur selbst legen, sondern auch selbst herstellen. 150.000 Teile ergeben ein halbes Roggenmischbrot. Für alle, denen die Ausdauer fehlt, ein Brot aus Bröseln zusammenzusetzen, gibt es in Sachen Krümelverwertung andere Ideen. Sehr brauchbar und sehr köstlich! Aus altbackenem Brot lassen sich nämlich unzählige gute Sachen machen.

Um Schnittverletzungen zu vermeiden, ist es hilfreich, das Brot in Scheiben zu schneiden oder zu würfeln, bevor es bretthart ist. Scheiben oder Würfel werden locker auf ein Blech gelegt und im Backofen geröstet. Das geht energiesparend, weil man die enorme Restwärme nutzen kann, die nach dem Brotbacken noch im Ofen steckt.
Das geröstete Brot wird gesammelt, bis es sich lohnt, mit der Bröselei zu beginnen. Am einfachsten in einem Foodprocessor, aber die alte Plastikbeutel-und-Hammer-Methode geht natürlich auch.

Röstbrösel als Backverstärker
In der Brotkruste stecken viele köstliche Röstaromen, die durch die Extrarunde im Backofen nochmals angefeuert werden. Fein vermahlen, wird daraus ein natürlicher Geschmacksverstärker für das nächste Sauerteigbrot. Bis zu 10 Prozent der Mehlmenge aus dem Hauptteig kann man durch Brösel ersetzen. Der Teig braucht dann ein bisschen mehr Wasser und ein bisschen weniger Salz.

Röstbrösel als Panade
Blasses Paniermehl war gestern. Röstbrösel machen aus einer Panade eine Delikatesse.

Röstbrösel als Saucenpulver
Man nehme:
250 g Röstbrösel
100 g fertige Gemüsebrühe oder Bouillon
100 g Röstzwiebeln
50 g getrocknete Petersilie

Alles im Foodprocessor fein vermahlen, fertig. Lecker!
Mit getrocknetem Gemüse und weiteren Kräutern lässt sich eine hauseigene Saucenpulver-Cuvée herstellen. Pilze, Sellerie, Liebstöckel und Schnittlauch, aber auch getrocknete Tomaten, Oregano und Karotten sind toll. Gibt es alles fertig getrocknet zu kaufen. Selbst trocknen ist aber auch ganz einfach. Ob in der Sonne, im Dörrautomat oder im Backofen.
Für eine leckere Sauce gibt man einige Löffel des Pulvers zur Brühe oder zum Bratensaft und lässt das Ganze aufkochen.
Das Saucenpulver hält sich – in Gläser abgefüllt, dunkel und trocken aufbewahrt – viele Monate.

GEPRIESEN SEI DIE KAMILLE!

Geduld! Nicht mein Ding! Da ist mir schon das Wort zu lang.
An den Wochenenden ist es am schlimmsten. Da will ich einen Küchenschrank streichen ... mindestens! Zwei Vollkornbrote backen ... mindestens!
Eine Gesichtsmaske auflegen, Haarpackung machen, drei Hortensien umtopfen und Freunde treffen, die ich viel zu lange nicht gesehen habe.
Meine Wochenendlisten sind oft länger als der Einkaufszettel am Tag vor Heiligabend und noch nie habe ich es geschafft, bis Sonntagabend alle »To-dos« mit einem Haken zu versehen.

Aber damit ist Schluss! Ich greife jetzt in die Brotapotheke und backe Geduldsbrötchen.
Eines zum Frühstück, eines als Lunchbeilage und abends eines zum Auftunken der Salatsauce. Brötchen haben den Vorteil, dass wir sie bequem in der Handtasche mitführen können. Ich erwäge sogar, ein oder zwei Geduldsbrötchen im Handschuhfach zu deponieren. Für die gewissen Staumomente.

Aber was macht ein leckeres Brötchen zum Geduldsbrötchen?
Hafer und Honig machen das, und vor allem Kamille! Hafer enthält viel Vitamin B_1 und B_6, beide kümmern sich um unser Nervensystem, und Honig lässt uns relaxt grinsen, weil sein Tryptophan im Körper zum Glückshormon Serotonin umgewandelt wird. Kamille schließlich hat einen anerkannten Ruf als Geduldsbooster. Und dass Kamille entspannt, weiß jeder, der es schon einmal mit verkrampften Magenwänden zu tun hatte.

Und wie kommt die Kamille ins Brötchen?
Mit einem Aufguss. Damit lässt sich der Starter erfrischen oder er kommt statt Wasser zum Teig. Ein kalter Aufguss ist am besten, denn neben den kostbaren Inhaltsstoffen der Kamille wollen wir auch die niedlichen kleinen Mikroben erhalten, die unseren Sauerteig so freundlich anfeuern. Auf einen Viertelliter Wasser nimmt man einen Esslöffel frische oder getrocknete Kamillenblüten. Über Nacht stehen lassen, abgießen und mit der gleichen Menge Wasser verlängern.

Und jetzt das Beste:
Mit Kräuteraufgüssen lässt sich von Geld bis Glück alles in den Teig locken: Mit Kerbel und Bohnenkraut Weisheit, mit Dill und Kümmel Geldsegen, Liebstöckel und Salbei führen zu Erfolg. Kardamom zu Glück, Gewürznelken und Melisse bringen Liebe. Und falls Zweifel an der Treue des Gegenübers bestehen, werden Pfefferminze und Rosmarin gepriesen. Einen Versuch ist es wert. Und sollte sich die Wirkung nur zögerlich einstellen, bleibt wenigstens die Freude an den köstlichen Aromen.

GEDULDSBRÖTCHEN

Die Teigmenge ist groß. Meine Ungeduld ist es ja auch! Ich backe die Geduldsbrötchen gerne auf Vorrat, weil ich die feine Honig-Kamille-Note so mag!
Mein Tipp: einen Teil sofort einfrieren! Wer die Wirkung zunächst ausprobieren will, der halbiert einfach das Rezept.

Vorteig
200 g kräftiger Sauerteigstarter
300 g Kamillenaufguss
300 g Dinkelmehl

Über Nacht im Kühlschrank gehen lassen. Am Morgen die übrigen Zutaten vorbereiten.
100 g Haferkleie
700 g Wasser
100 g Honig
4 EL flüssige Butter, nicht heiß!
500 g Dinkelmehl
500 g Dinkelvollkornmehl
1–2 TL Salz

Die Kleie mit Wasser vermischen und eine Viertelstunde stehen lassen. Alle Zutaten – bis auf das Salz – zugeben und in der Küchenmaschine 10 Minuten langsam kneten. Wer seinem Starter solche Teigmengen noch nicht zutraut, kann zusätzlich ein haselnussgroßes Stückchen Hefe dazu geben.

Gegen Austrocknung wird der Teig dünn mit zerlassener Butter bepinselt und die Schüssel mit einem feuchten Tuch bedeckt. 4 Stunden bei Raumtemperatur gehen lassen. Bei kühler Umgebung entsprechend länger.
Den Teig auf eine gut bemehlte Platte stürzen und falten.
Der richtige Schwung ist schnell gelernt. Hat man einmal den Bogen raus, macht die Falterei richtig Spaß. Linke Seite zur Mitte klappen, rechte Seite zur Mitte klappen, von oben zur Mitte und von unten zur Mitte. Umdrehen und das Ganze von vorn. Und noch mal! Und? Genau! Noch mal! Sollte der Teig am Brett kleben, hilft der Teigschaber. Nach dreimal Falten den Teig jeweils eine halbe Stunde in der Schüssel ruhen lassen. Mit jedem Links-rechts-oben-unten-Durchgang wird der Teig kräftiger. Er ist fertig, wenn er nicht mehr klebt. Weder an den Fingern noch am Brett.

TIPP
Im Internet gibt es unzählige Anleitungsvideos zum Falten. Am besten einfach mal »stretch and fold« googeln.

Aus der Teigmenge werden 16 Stücke abgestochen. Jedes Stück wird rund gewirkt und kann auf verschiedene Art gebacken werden: Nebeneinander frei geschoben auf dem Backblech oder aneinandergeschmiegt im heißen Topf. Die Topfmethode wird auf Seite 57 beschrieben, sie gefällt mir für die Geduldsbrötchen am besten, denn so werden sie besonders fluffig. Natürlich kann man nach diesem Rezept auch Geduldsbrot backen … dann gibt's die Geduld eben scheibchenweise.
Backofen und Topf samt Deckel werden auf 250 °C vorgeheizt. Backzeit 25 Minuten mit geschlossenem Deckel und weitere 25 Minuten deckellos bei 200 °C.

HIBBELDRIBBELN
Oder: Wie flutscht der Teig aus dem Gärkorb?

Meine Freundin Anne nennt es hibbeldribbeln, wenn Menschen unruhig von einem Bein aufs andere treten.
Wenn sie die Haarspitzen zu kleinen Kordeln drehen und an Bleistift oder Unterlippe nagen. Hibbeldribbelei wird oft mit Nervosität verwechselt, aber das ist falsch. Hibbeldribbelei ist eine Mischung aus Ungeduld und Erwartungsdruck. Eine Melange aus brennender Neugier und Vorfreude.

Beim Brotbacken beginnt das Hibbeldribbeln meist, sobald die sogenannte Stockgare einsetzt.
Dem Teig ist nach Entspannung und Abgeschiedenheit und wir wollen möglichst bald wissen, ob und wie er sich aufplustert. Besonders ungeduldige Bäcker sollten zu Schüsseln aus Glas greifen. Die ermöglichen nicht nur die Draufsicht auf den Teig, sondern auch die Betrachtung jederzeit und von allen Seiten.

Nach der Stockgare folgt die Ruhe im Gärkörbchen.
Die ist für viele noch schwerer zu ertragen. Wie wird sich der Teig entwickeln? Und vor allem, wird er sich ohne Risse und am Stück wieder aus dem Körbchen herausbewegen? Hier helfen Geduld, Baumwolltücher und die großzügige Bestäubung, Hartweizengrieß flutscht besonders gut. Reismehl auch.

Leinentücher im Gärkörbchen sind wunderbare Helfer.
Sie nehmen die Feuchtigkeit vom Teig und sorgen so dafür, dass der Laib eine Art Außenhaut entwickeln kann. Handgewebtes schweres Leinen ist wie gemacht für die Einsätze in Garkörbchen. Alte Bettlaken funktionieren aber auch.

Das einfache Hibbeldribbeln lässt sich übrigens noch massiv steigern.

Zum Beispiel dann, wenn ein besonderes Gärkörbchen zum Einsatz kommt.

Der uralte Holzkorb von einem Münchner Flohmarkt verhalf mir sogar zu einem Hibbeldribbel-Doublefeature. Erst die spannende Frage, ob der Teig das Körbchen jemals wieder am Stück verlassen würde, und dann das bange Warten darauf, ob der Schriftzug »Vienna« nach dem Backen auf dem Brot erhalten bliebe …

Hat geklappt!

TIPP

Baumwoll- oder Leinentücher die zum Brotbacken benutzt werden, am besten nur mit klarem Wasser oder neutraler Seife waschen. Auf keinen Fall Weichspüler benutzen. Es sei denn, man mag es, wenn das rustikale Bauernbrot nach »karibischer Nacht« oder »Lotusblüte« schmeckt!

»Was ist eigentlich mit Überstunden?«

»Wie? Überstunden?«

»Hast du mitgezählt? Zwanzig Brote! Alle von mir höchstpersönlich aufgeplustert.«

»Du warst großartig!«

»Einfach nur großartig?«

»Ganz unglaublich großartig. Sogar die Priorin des Klosters hat dich gelobt!«

»Ich hätte Gesang verdient oder einen Sektempfang!«

»Du hast Weihwasser gekriegt! Ich finde das ist kaum zu toppen.«

» Ein bisschen was Persönliches wär noch schön!«

»Wär dir ein eigener Name persönlich genug?«

» Ein Name ganz für mich alleine?«

»Ganz für dich allein.«

»Wehe, du ritzt was in mich rein!«

»Nein, ich schreib deinen Namen mit Mehl!«

»Mehl passt gut. Welches Mehl?«

»Werd jetzt nicht pingelig. Ich nehme Weizen aus der Mehlschublade in der Klosterbäckerei.«

»Das gefällt mir! Wie heiße ich?«

»Vitus! Du heißt ab jetzt Vitus!«

VERTRAUEN

EIN MANN SIEHT BROT

Ein Tor aus uralten Brettern. Rau, ohne Schnörkel.

Dahinter, 10 Schritte nach rechts, backt ein Mann Brot.

Gutes Brot! Und schnörkellos. So wie er selbst!

»Der geht wahnsinnig nach hinten raus.«

»Wie bitte?«

Pablo Puluke läuft in seine Backstube. Ich komme kaum hinterher.

»Der schleicht sich richtig an!«

»Ich hoffe, du redest vom Sauerteig?«

»Ja wovon denn sonst?«, sagt Pablo.

Der Duft von frisch gebackenem Brot überrascht mich. Pablo und ich hatten uns schon am Tag zuvor getroffen, denn sein Rezept sieht lange Ruhezeiten für den Teig vor.

»Ich wollte deinen Vitus kennenlernen. Dem Brot in der Kastenform hätte der fast den Deckel weggesprengt, weil der hinten raus so viel Power hat.«

Wir hatten Vitus eine Menge zu tun gegeben über Nacht. Er sollte zwei Schüsseln mit stattlichen Teigmengen von unten nach oben durchblubbern. Offenbar hatte er das mit Erfolg gemacht, denn Pablo hielt mir ein duftendes Brot unter die Nase.

»Aber wir wollten die Brote doch zusammen machen ...«

»Machen wir ja auch, aber ich wollte vorher wissen, was dein Vitus kann!«

Und Vitus kann, wie ich sehe!

Ich bin stolz auf den kleinen Blubberer, mit dem ich neuerdings reise. Die Pflegehinweise von »Dr. Sauerteig«, Karl De Smedt, und das Weihwasser von Schwester Michaela haben ihm offenbar gutgetan. Und dass sich Vitus bei Pablo von seiner besten Seite zeigen würde, war zu erwarten. Sauerteige spüren nämlich, wenn man sie mag. Pablo mag Sauerteig! So sehr, dass er einen schon mal die Hollywood Hills im Rucksack hinaufgeschleppt hat aus Sorge, ihn nicht pünktlich füttern zu können.

»Was soll ich anziehen für die Fotos?« Pablo hat zwei T-Shirts vorbereitet.

»Ich hab auch meine gute Bäckerjacke. Willst du, dass ich die anziehe?«

»Zieh das an, worin du dich wohlfühlst.«

Pablo wählt T-Shirt, knielange Hose und bequeme Schlappen.

Es ist nicht zu übersehen: Hier steht ein Mann in seiner Backstube, dem Künstlichkeit und Geschnörkel fremd sind.
Einer wie ein gutes Roggenbrot: Tut gut, ist unkompliziert und passt nicht zu allem.
Ich würde Pablo ohne Zögern Familiengeheimnisse anvertrauen und ihm die Pins meiner Bankkarten verraten. Riskant? Nicht bei einem wie Pablo! Einer wie Pablo weiß, dass Vertrauen eine Kostbarkeit ist. Wahrscheinlich passen Sauerteig und Pablo deshalb so gut zusammen:
Sie vertrauen sich einfach gegenseitig.

»Sauerteig hat mein Leben verändert.«
Aus Pablos Mund ist das nicht nur ein Spruch. Der Vater US-Amerikaner, die Mutter aus Bayern. Die Eltern lernen sich auf Hawaii kennen, heiraten, trennen sich. Als Erinnerung an den Vater bleibt Pablo nicht viel mehr als sein Name: Pablo Puluke Giet. Puluke ist hawaiianisch für »Bruce«. Die Mutter zieht Pablo Puluke alleine groß. Er wächst in dem Teil von Fürstenfeldbruck auf, den seine Lehrer später als »Problemviertel« bezeichnen werden. »Ihr von dort taugt doch alle nix!«, muss er sich in der Schule unzählige Male anhören.

Pablo geht einen Weg, der lange Zeit nicht gerade ist.

Schwierige Freunde und zahllose Schulverweise. »Ich war wirklich schlimm. In den Ferien habe ich mich gelangweilt, weil keine Lehrer da waren, die ich tyrannisieren konnte!«
Was folgte, war der Weg eines Jugendlichen, der konsequent an der falschen Stelle abbiegt: Schule geschmissen, mit der Mutter überworfen, mit 16 raus von Zuhause. Die erste Ausfahrt in die richtige Richtung nimmt er, als er eine Bäckerlehre beginnt. »Blieb mir doch sowieso nichts anderes übrig ohne Schulabschluss. Bäcker oder Maurer.« Und weil es Pablos erklärtes Ziel war, auszuwandern und reich zu werden, erschien ihm Bäcker am geeignetsten.

Pablos Lieblingsmehl ist Roggenmehl. Frisch!

»Mehl ist am tollsten, wenn es frisch gemahlen ist«, sagt er und lacht laut, als ich ihm erzähle, dass mich die deutschen Mehltüten total verwirren, weil da Typenbezeichnungen draufstehen, die ich mir nicht merken kann.
Er erzählt von seiner Gesellenprüfung, da habe er die Typen alle nicht gewusst und trotzdem bestanden.
»Und in der Meisterprüfung habe ich die Typen immer noch nicht aufsagen können.«
»Und wahrscheinlich hast du trotzdem mit Glanz und Gloria bestanden ...?«
»Genau! Und dann hab ich zu dem Prüfer gesagt: Sehen Sie, geht doch auch ohne!«

Der Weg bis zur Meisterprüfung fand über Umwege statt.
Die erste Lehre bricht er ab und geht in die USA. Er jobbt in Bäckereien, wird erfolgreicher Bäcker ohne Ausbildung. Fühlt sich zum ersten Mal gerecht bezahlt und überwirft sich mit seinem Chef. Er spricht aus, was andere nicht zu sagen wagen. Sagt, dass alles, was mehr als zwei Beine hat, nicht in eine Bäckerei gehörte. Pablo fliegt raus. Ade, Dienstwagen, bye-bye, Florida.
Er zieht weiter und landet in einer Bio-Bäckerei in Los Angeles. »Dort hab ich als Erstes den Sauerteig in Pflege gekriegt. Ich war aufgeregt und hielt es für verrückt, nur mit so einem natürlichen Zeug Brot zu backen.«
Pablo will nichts falsch machen. Er nimmt den Sauerteigstarter mit in sein Appartement und lässt ihn auf dem Balkon wohnen. Alle zwölf Stunden soll er ihn füttern. »Ich hatte echt Angst, dass ich den aus Versehen umbringe. Es gab mehrere Wecker, damit ich bloß keine Fütterung verpasse, und wenn ich in L.A. spazieren ging, dann hab ich den Sauerteig mitgenommen, damit der nicht verhungert.«
Er lernt den Sauerteig zu lieben. »Auch wenn das am Anfang eher wie ein Armdrücken war. Es war jeden Tag spannend, wer gewinnt, der Sauerteig oder ich.«

Bald ist Sauerteig für ihn mehr als ein fermentiertes Backtriebmittel.
Ein Mann, der aus dem Land der 1000 Brotsorten kam und in Amerika lernte, gutes Brot zu backen. Ganz traditionell. Viel Handarbeit, wenig Maschinen. In Los Angeles begeistert sich Pablo immer mehr für die Brote aus Sauerteig, gutem Korn und Handwerkskunst. Er nimmt Kontakt zu seiner Mutter auf und sie fliegt in die Staaten. Sie macht Fotos von ihm auf dem Hollywood Farmer's Market, wo sonntags seine Brote verkauft werden, und ist stolz auf ihren Sohn. Und so hätte es noch eine ganze Weile weitergehen können, wenn das Schicksal sich nicht entschlossen hätte, Pablo noch ein weiteres Mal zu schubsen. Zum Guten! Aber das wusste er da noch nicht. Er verletzt sich, braucht eine Operation am Arm, hat aber keine Krankenversicherung in den USA. Er bricht alle Zelte in Los Angeles ab und fliegt heim nach Fürstenfeldbruck. Pablo wird wieder gesund und beschließt, Schluss zu machen mit seiner Abneigung gegen Lehrer, und legt einen Durchmarsch hin bis zur Meisterprüfung. »Und weißt du, was? In der Berufsschule war ich es auf einmal, der so Sätze ins Klassenzimmer rief wie: »Jetzt ist mal Ruhe hier. Ich will hören, was der Typ da vorne sagt!«

Pablo sagt, dass sein Leben auf der Kippe stand, bis er 25 war.
Aber die Chancen stehen gut, dass damit Schluss ist. Jetzt gibt er Workshops über das Backen mit Sauerteig und frischem Mehl, entwirft Brotrezepte, die er demnächst veröffentlichen will, ist auf seinem YouTube-Kanal als »PPG Baker« zu sehen und er will zurück in die USA.
»Womit wirst du den Vitus füttern für die Weiterfahrt?«
»Ich mahle ihm frisches Roggenmehl. Grob. Dann hat er was zu beißen. Und damit's ein bisschen feierlich wird, zieh ich meine Bäckerjacke dazu an.«
»Sehr elegant! So kannst du in Hollywood deine erste Bäckerei eröffnen.«
Pablo lacht und misst die richtige Menge Wasser ab für die Vitus-Fütterung.
»Kaufen auf dem Hollywood Farmer's Market eigentlich auch so richtige Berühmtheiten ein?«
»Ja, klar. Die Berühmtesten sind immer die allerersten am Sonntagmorgen.«
»Macht es dich stolz, zu wissen, dass große Stars in deine Brote gebissen haben?«
»Ich bin stolz auf alle meine Brote. Ganz egal, wer da reinbeißt«, lacht Pablo und seine Augen lachen dabei mit bis hoch hinauf in den Haaransatz.

YouTube: PPG Baker

VOLLKORNBROT nach Art des Hollywood Farmer's Market

Sauerteigansatz
350 g Roggenvollkornmehl
350 g warmes Wasser, 35–40 °C
70 g Sauerteigstarter
Alles gut miteinander vermischen. Das geht ohne Küchenmaschine. Abgedeckt zur Seite stellen.

Vorteig
240 g Dinkelvollkornmehl
150 g Wasser
14 g Salz
Alles gut mischen und mit Folie abgedeckt zum Sauerteig stellen. Beide Teige gut reifen lassen! Optimal sind 24–28 °C und 18 Stunden Ruhezeit.

Hauptteig
Beide Teige in eine Schüssel geben. Das Mischen geht ohne großen Kraftaufwand. Es muss nicht geknetet werden und es ist keine Maschine nötig. Einfach mischen, bis sich eine homogene Masse ergibt.
Den fertigen Teig mit einem Tuch abdecken und für 1 Stunde ruhen lassen.
In dieser Zeit eine Kastenform mit Margarine oder Butter ausstreichen.
Nach Ablauf der Ruhezeit kommt der Teig ohne weitere Behandlung in die Kastenform.
Den Teig mit angefeuchteten Händen in der Form glatt streichen und in der Form noch einmal für 1 ½ Stunden abgedeckt ruhen lassen.
30 Minuten vor Ende der letzten Ruhephase den Ofen auf 240 °C vorheizen. Nach den 1 ½ Stunden Ruhe den Teig in der Form mit etwas Wasser abspritzen, um die Oberfläche leicht zu befeuchten. Ab in den Ofen und 40 Minuten backen!
Um zu testen, ob das Brot fertig ist, die Form aus dem Ofen nehmen und das Brot auf ein Gitter stürzen. Besteht es den Klopftest nicht, kommt das Brot ohne Form noch einmal für 5 Minuten in den heißen Ofen.

TIPP
Der Klopftest ist bei jedem Brot eine hilfreiche Sache. Dazu klopft man mit dem Zeigefinger auf die Unterseite des Brotes, als würde man an eine Tür pochen. Klingt es dumpf wie auf Holz, dann ist das Brot perfekt durchgebacken!

MEHLMUSTER

Jedes Brot bringt eine natürliche Schönheit mit.
Ungebändigt und frei geschoben oder im Topf gebacken. Brot ist immer schön.
Wer es noch schöner mag, kann seinem hausgebackenen Brot Mehlmuster verpassen oder Verzierungen in den Teig ritzen bevor es in den Ofen kommt. Sogar Pablo, der schnörkellose Rezepte liebt, mag es, seine Brote mit einer Mehlsignatur zu schmücken. Wenn er sie bestäubt und mit seinem Zeichen versehen in den Backofen schiebt, hat sein Blick etwas von dem, den Eltern ihrem Schulkind hinterherschicken, das zum ersten Mal alleine in den Schulbus steigt. Vielleicht macht Pablo sein »PPG« aber auch deshalb so gern auf die Brote, weil seine Mutter das Logo entworfen hat.

Pablo spricht sehr liebevoll über seine Mutter. Sauerteig und Brot können offenbar sogar schwierige Mutter-Sohn-Verhältnisse heilen.

TIPP
Mehlmuster machen ist einfach. Nach der letzten Teigruhe wird die Oberfläche mit Wasser eingenebelt, die Schablone aufgelegt und der Laib mit Mehl bestäubt. Schablone weg, Brot in den Backofen, fertig! Schablonen kann man aus Pappe selbst ausschneiden oder fertig kaufen. In großen amerikanischen Supermärkten gibt es Ornamente in allen Größen. Bei uns in Europa wird man eher in Baumärkten fündig. Die Schablonen dort sind für Malerarbeiten gedacht, aber sie funktionieren auch auf Brot.

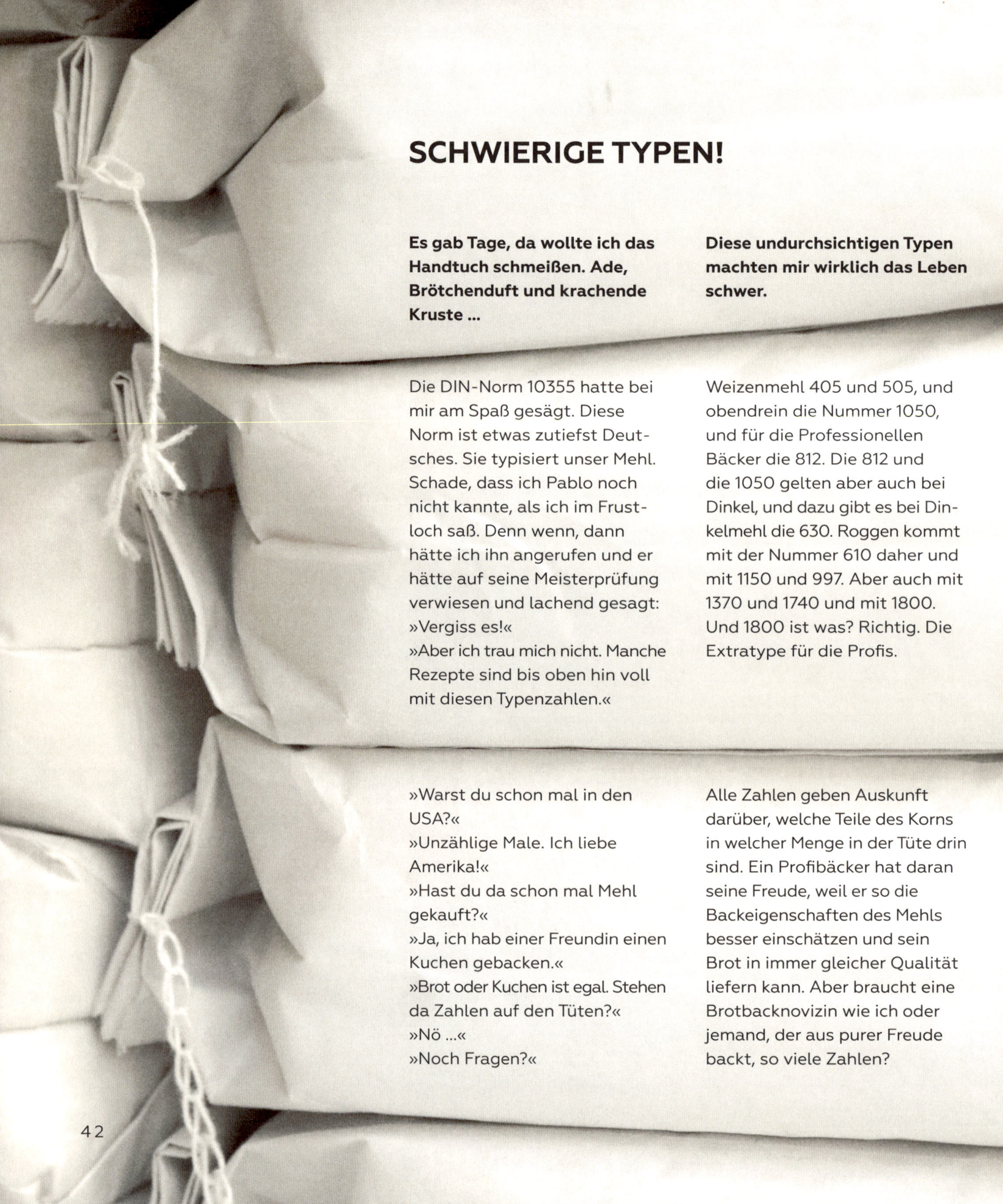

SCHWIERIGE TYPEN!

Es gab Tage, da wollte ich das Handtuch schmeißen. Ade, Brötchenduft und krachende Kruste …

Diese undurchsichtigen Typen machten mir wirklich das Leben schwer.

Die DIN-Norm 10355 hatte bei mir am Spaß gesägt. Diese Norm ist etwas zutiefst Deutsches. Sie typisiert unser Mehl. Schade, dass ich Pablo noch nicht kannte, als ich im Frustloch saß. Denn wenn, dann hätte ich ihn angerufen und er hätte auf seine Meisterprüfung verwiesen und lachend gesagt:
»Vergiss es!«
»Aber ich trau mich nicht. Manche Rezepte sind bis oben hin voll mit diesen Typenzahlen.«

Weizenmehl 405 und 505, und obendrein die Nummer 1050, und für die Professionellen Bäcker die 812. Die 812 und die 1050 gelten aber auch bei Dinkel, und dazu gibt es bei Dinkelmehl die 630. Roggen kommt mit der Nummer 610 daher und mit 1150 und 997. Aber auch mit 1370 und 1740 und mit 1800. Und 1800 ist was? Richtig. Die Extratype für die Profis.

»Warst du schon mal in den USA?«
»Unzählige Male. Ich liebe Amerika!«
»Hast du da schon mal Mehl gekauft?«
»Ja, ich hab einer Freundin einen Kuchen gebacken.«
»Brot oder Kuchen ist egal. Stehen da Zahlen auf den Tüten?«
»Nö …«
»Noch Fragen?«

Alle Zahlen geben Auskunft darüber, welche Teile des Korns in welcher Menge in der Tüte drin sind. Ein Profibäcker hat daran seine Freude, weil er so die Backeigenschaften des Mehls besser einschätzen und sein Brot in immer gleicher Qualität liefern kann. Aber braucht eine Brotbacknovizin wie ich oder jemand, der aus purer Freude backt, so viele Zahlen?

In den USA ist Mehlkaufen einfacher.
Hier gibt es Vollkorn und »Light«. »Light« entspricht unserem voll ausgemahlenen Mehl. Und es gibt »Bread Flour«. Das ist vergleichbar mit unserer Type 1050.
Ich wollte mich nicht länger einschüchtern lassen von der sogenannten Deutschen Industrienorm und habe die undurchsichtigen Typen jetzt dank einiger Merksätze im Griff:

Je höher die Zahl auf der Mehltüte ist, desto mehr natürliche Bestandteile sind im Mehl.
Mehr Gutes also, denn in den Randschichten des Getreides stecken besonders viele Mineralstoffe und Vitamine und die finden sich dann in der Tüte mit hohen Typenzahlen.

Das volle Korn ist stets die gesündere Wahl.
Und Vollkorn kommt ganz ohne Typenzahlen aus. Es gibt Vollkornmehl, das ist fein vermahlen, enthält aber sämtliche gesunde Bestandteile des Korns. Und es gibt Vollkornschrot, das ist gröber zerkleinert.
Wer mit vollem Korn backt, bekommt zur Belohnung mehr Aroma, aber mit Wasser muss man beim Backen großzügiger sein. Teige aus Vollkornmehl saugen deutlich mehr Flüssigkeit auf.

ALLES IST GUT!

Kann es sein, dass unser Gedächtnis Gerüche sammelt? Dass der Teil unseres Gehirns, in dem die guten Erinnerungen aufbewahrt werden, Post-its verteilt, auf denen »Geborgenheit«, »Für immer!« oder »Alles ist gut!« steht?

Es war ein großer Holzschrank, der mich magisch anzog. Spinnweben hingen wie graue Gardinen am Fenster im Dachfirst und ließen das Sonnenlicht nur widerwillig durch. Der Schrank war uralt. Wenn man den Kopf schräg legte und darauf achtete, nicht selbst im Licht zu stehen, dann ließ sich eine Bemalung erahnen. Ich glaube bis heute, dass es sich dabei um ein tanzendes Brautpaar handelte, aber ich hätte nicht gewagt, die silbrige Staubschicht zu zerstören, um dieser Vermutung nachzugehen.

Neben dem Schrank gab es eine uralte Mühle, die klaglos und täglich ihren Dienst tat. Daneben befand sich ein stattlicher Hügel aus Weizenkörnern. Mein Ritual war immer gleich: Ich stapfte in den Weizenhügel hinein und versank so tief darin, dass die Körner in meine kleinen Gummistiefel rieselten. Dann setzte ich mich hin und wartet auf die Mäuse.
Ich musste oft sehr lange still sitzen, damit die Mäuse mich für eine eins dreißig große Artgenossin hielten, aber wenn ich es geschafft hatte, dann ließen sich ganz ungeniert betrachten.

Und was machte meine Nase, während ich dort saß? Sie beförderte mit jedem Atemzug den Duft des frisch gemahlenen Getreides in jenen Teil meines Gehirns in dem die Post-its an die Erinnerungen geklebt werden. Erinnerungen an stille Nachmittage auf dem Dachboden des Bauernhofs meiner Tante. Dort blieben sie. Jahrzehntelang. Bis ich neulich zu einer Mühle fuhr. Ich war auf der Suche nach besonderen Mehlen. Emmer, Einkorn, Kamut! Ich betrat den Raum, atmete ein und spürte, wie mein Gedächtnis anfing, nach den gelben Klebezetteln zu kramen. Dann sah ich mich, wie ich auf dem Getreidehügel vor dem Bauernschrank saß und auf die Mäuse wartete.

Am nächsten Tag habe ich mir eine Getreidemühle gekauft. Ich habe ihr einen Platz neben dem Toaster frei gemacht und jedes Mal, wenn nun das frische Mehl in die Schüssel ruckelt, atme ich tief ein. Und irgendwo zwischen Schläfenlappen und Hippokampus wird bei mir ein Post-it hochgehalten auf dem steht: »Alles ist gut!«

ICH BIN JETZT EINE MÜLLERIN

Nebenberuflich!
Weil's so gut riecht und gesund ist und weil ich dadurch keinen Stress habe mit den Typenbezeichnungen auf den Mehltüten, die mich sonst immer verwirren. Getreidemühlen stehen schon lange nicht mehr für freudlosen Frühstücksbrei und spießiges Design. Sie sind erschwinglich geworden und inzwischen so klein, dass sie überall ein Plätzchen finden.* Für die, die eine Küchenmaschine haben, ist der Weg zur eigenen Mühle noch leichter. Es gibt Aufsatzmahlwerke, die auf alle gängigen Fabrikate passen. Winzige Dinger, die gute Arbeit machen und den Motor nutzen, der schon da ist.**

Die eigene Mühle zu Hause macht Spaß.
Puderfein oder schrotig grob, sogar Linsen und Erbsen lassen sich mahlen und dann zu ganz neuen Brotkreationen verarbeiten. Frisch gemahlenes Mehl ist gesund und ich finde sogar, dass die Brote damit besser gelingen. Den Unterschied kann man sogar fühlen. Mehl aus dem Supermarkt fühlt sich eher matt und kalkig an, während sich frisches Mehl »ölig« wie Babypuder zwischen den Fingern verreiben lässt.

Apropos Finger!
Erhobene Zeigefinger sind bei mir verboten. Niemand muss sich aus dem Supermarkt schleichen, wenn er dort Mehl gekauft hat. Aber frisches Mehl, Biomehl oder Mehl vom Müller unseres Vertrauens sind einfach gesünder.
Warum? Weil keine Zusatzstoffe darin enthalten sind. Mehl aus der Tüte ist außerdem um den wichtigen Keim amputiert. Der steckt mittendrin im Korn und ist ölig. Um das Mehl lagerfähig zu machen, muss er entfernt werden, sonst würde das Mehl bald ranzig in der Verpackung werden.

Braucht jemand Beweise dafür, dass frisches Mehl besonders gut ist?
Fragen wir doch einfach den Sauerteig. Wie? Indem wir einen Starter mit Supermarktmehl füttern und einen zweiten mit frischem Mehl oder zumindest Biomehl. Das Ergebnis wird überzeugen. Warum? Weil der Sauerteig deutlich blubbernd zeigt, was gut für ihn ist.

TIPP
Traditionelle Mühlen lassen sich mit Google überall finden. Dort wird man beraten, lernt alte Getreidesorten kennen, kann gutes Mehl für das nächste Brot mitnehmen oder Körner zum Selbermahlen. Und meist ist der Ausflug zu einer Mühle obendrein eine Auszeit, die die Seele zum Baumeln bringt.

GUT HOLZ!

Eines meiner Lieblingsbrote ist Paderborner Brot. Ein traditionelles Brot aus meiner Heimat Westfalen. Dicke Scheiben mit Butter und Aprikosenmarmelade waren die Delikatesse meiner Kindheit. Paderborner Brot ist oben und unten knackig, aber an den Seiten weich. Diese besondere Knusprigkeitsverteilung gelingt am besten in einer Holzbackform. Brot in Holz backen? Ganz genau! Funktioniert das? Und wie! Und wo kriegt man so einen Holzrahmen? Selber machen! Der Aufwand lohnt sich wirklich, denn es lassen sich auch unglaublich leckere Weißbrote darin backen, süße und salzige, sogar Brioche, und auch das Hollywoodbrot von Pablo.

Ich habe ein Brett gekauft. Fichte, unbehandelt!
So ein fertiges Brett, wie es in allen Baumärkten im Regal steht. Meines war 12 cm hoch, 2 m lang, 1,8 cm dick, dazu 18 Holzschrauben. Das Brett habe ich gleich vor Ort in mehrere Stücke zerlegen lassen:

3 Stücke mit 25 cm Länge
2 Stücke mit 31 cm Länge
2 Stücke mit 12,4 cm Länge

Die Brettchen werden in der richtigen Anordnung aufgestellt.
Schraubzwingen sind dabei hilfreich. Wer keine hat, braucht zwei zusätzliche Hände zum Festhalten. Schrauben rein, fertig. Fast fertig! Denn vor dem ersten Gebrauch muss der Holzrahmen eingebacken werden. Dazu wird er innen und außen eingeölt. Ich habe Olivenöl genommen, aber Leinöl soll auch gut sein. Fest einreiben und für 30 Minuten in den heißen Backofen bei 200 °C schieben. Nicht erschrecken, denn es knackt und kracht ein bisschen im Ofen und es beginnt in der Küche nach Sägewerk zu riechen. Der Rahmen wird dunkler bei der Prozedur und sieht danach aus, als sei er schon seit Jahrzehnten in Gebrauch.

Der Backrahmen funktioniert mit weichem und mit festem Teig.
Und zwar so: Ein Backblech mit Backpapier auslegen. Holzrahmen daraufstellen und den Teig bis maximal zur halben Höhe einfüllen. Gehen lassen, bis er sich verdoppelt hat, dann ab in den Ofen. Zwei große oder vier kleine Brote, hohe Brote, flache Brote. Je nachdem, wie hoch der Teig eingefüllt wird. Im Rahmen kann sich die im Rezept angegebene Backzeit stark verlängern, weil das Brot durch das Holz rundherum isoliert wird. Dafür ist es dann später besonders aromatisch.

Und einen TIPP von Pablo dazu: Butter und Margarine trennen besser als Öl! Öle schaffen nämlich eine Verbindung mit dem feuchten Teig, deshalb klebt er leichter an. Butter und Margarine dagegen schaffen eine Barriere zwischen Teig und Form. Zack!, flutscht das fertige Brot aus dem Rahmen.

»Meinst du, ich kann auch mal in so einem Hollywoodbrot mitspielen?«

»Als Sauerteig?«

»Nein, als Held!«

»Ist das nicht ein bisschen dicke?«

»Wieso? Ich mach die Leute glücklich und tu ihrer Gesundheit gut. Reicht das nicht, um ein Held zu sein?«

»Als Held hast du niemals frei ...«

»Hab ich so auch nicht. Du fährst mit mir durch die Gegend und lässt mich überall arbeiten.«

»Als Held musst du unter Einsatz deines Lebens Gutes tun ...«

»Musste ich bei dir auch, als wir die ersten Brote gebacken haben.«

»Ich glaub, dir ist der Roggen zu Kopf gestiegen.«

»Helden kriegen im Kino immer die tollsten Frauen.«

»Wenn du jetzt still bist, kriegst du nachher drei.«

»Drei tolle Frauen?«

»Genau!«

»Ich sag nix mehr!!«

STOLZ

KEIN »FANCY-SCHMANCY«!

Wenn sich abends der Himmel rot und feurig färbt, dann sagt man: Jetzt gehen die Engel in die Backstube. Ganz bestimmt ist Frieda jedes Mal dabei!

Ihr Name war Frieda.
Sie trug blau gemusterte Kittelschürzen, und hätte man sie nach ihren liebsten Hobbys gefragt, hätte sie gesagt: »Backen und Blumen gießen!«
Ihr Herz war so groß, dass es beide Etagen des Häuschens am Rand von Nördlingen bis oben hin vollmachen konnte. Randvoll mit Fürsorge und Liebe und mit dem Duft von Marmelade, Spätzle und Kuchen! Blechkuchen, Napfkuchen und Torten. Süß und seeleschmeichelnd.

Frieda wohnte im ersten Stock. Im Erdgeschoss darunter lebte ihre Tochter mit Mann und zwei Töchtern. Alle Türen waren stets geöffnet, was für die guten Düfte sehr praktisch war, die sich täglich vom oberen Stockwerk ins Parterre ausbreiteten. Samstags gab es frisches Brot. Immer! Würzig und mit krachender Kruste. Vier oder fünf Laibe, damit es bis zum nächsten Backtag reichte. Wenn Brot übrig blieb, wurde Auflauf daraus gemacht oder Brotpudding. Niemals hätte Frieda Brot weggeworfen. Frieda war mit neun Geschwistern groß geworden. Ich bin Frieda nie begegnet, aber einen ganzen Freitag lang war sie zum Greifen nah.

An einem sehr heißen Tag in einem sehr gläsernen Büroturm fand ein Business-Meeting statt.
Dabei lernte ich Johanna Fischer kennen. Es ging um Trends und schicken Lifestyle und alle schwitzten. Johanna Fischer arbeitet im Einkauf einer Firma, die ihre Tochter Delia gegründet hat, »Westwing«. Ein Unternehmen, das Gutes und Schönes für Zuhause verkauft. Online und erfolgreich. Mit einem unglaublichen Jahresumsatz von über 200 Millionen Euro! Wir wollten über die Küche der Zukunft reden und warum Qualität auf Dauer

günstiger ist als schnelle Schnäppchen. Aber stattdessen sprachen wir darüber, wie aus einem Haus ein Zuhause wird, und über unsere Kinder. Irgendwann duzten wir uns und Johanna erzählte von ihrer Mutter, mit der sie früher Brot gebacken hat. Sie erzählte vom Brotduft im Haus und dass ihre liebsten Fotos die sind, auf denen die Oma mit den Enkeln in der Küche steht.

»Kannst du das noch, Johanna?«, fragte ich. »Kannst du noch Brot backen?« – »Hab' ich viel zu lange nicht gemacht!« Ich erzählte ihr von dem Buch, das ich plante. Sie hob die Augenbrauen und lächelte. »Kennst du dich mit Sauerteig aus?« – »Ja klar, aber ich müsste nach den Rezepten schauen und wir sollten Delia und Jana fragen, ob sie mitbacken, sie haben alles von der Oma gelernt.«

Das Haus, in dem das Brot-Revival stattfinden soll, ist das, in dem Frieda so viele Jahre gebacken hat.
Die Familie lebt immer noch hier. Ein Haus aus den frühen 1950er-Jahren. Weiß, schlicht, ein bisschen verwinkelt. Die Vorgärten ringsherum sind blütenreich und sehr aufgeräumt.
»Wer möchte Kaffee? Wasser?«
»Hat jemand Hunger?«
Bei Fischers herrscht Herzlichkeit. Gäste werden in den Arm genommen und umsorgt.
»Die kleinen Löffel sind in der Schublade unter der Kaffeemaschine«, ruft Johanna, »und bring bitte die Milch mit. Die steht noch im Kühlschrank.«
Es dauert keine zehn Minuten und man fühlt sich, als würde man in diesem Haus wohnen.
»Du solltest mal mit ihr Zug fahren«, sagt Delia. »Sie redet mit allen. Sofort. Kaum sitzt du, geht das los! Du lernst mit ihr ständig neue Leute kennen.«

Das Originalrezept für Friedas Sauerteigbrot war unauffindbar. Nicht aber ihre uralten Gärköbchen, ihre Tischtücher und ihr Rührlöffel. Und je länger über das Brotbacken geredet wurde, desto mehr Erinnerungen kamen zurück. Nur das Rezept eben nicht, und deshalb kreierten wir ein neues.

Ein einfaches Brot sollte es werden. Einfach und gut. Mit Mehl von den Feldern ringsherum, damit Heimat drin wäre, und etwas aus dem Garten sollte auch mit hinein. Holunderblütensirup. Selbst gemacht! Weil Blumengießen doch ihre Leidenschaft war. »Und wenn das Brot im Ofen backt, soll es im ganzen Haus riechen, als wäre Frieda da!«, sagt Delia.

»Wenn sie hier wäre, müsstest du ein Kopftuch tragen«, stichelt ihre Schwester Jana lachend und mit jedem Satz kommt Frieda näher. An Großmutters Backtagen herrschten strenge Regeln. Kopftücher waren Pflicht, Schürzen auch. Das Mehl musste gesiebt und Brot durfte erst gegessen werden, wenn es ganz kalt war.

»Da war sie wirklich streng«, erinnert sich Jana. »Warmes Brot macht Bauchweh, hat sie gesagt, und niemand hätte sich getraut, heimlich abzubeißen.«

Westwing ist ein Online-Handelsplatz für trendiges Interior-Design. Schicke Möbel, Porzellan, Bettwäsche, Duftkerzen, Kochtöpfe. 2011 hatte Delia Fischer die Idee, hochwertige Möbel online günstig zu verkaufen. An ihrem 27. Geburtstag gab sie ihren Job als Redakteurin bei der deutschen *Elle* auf und startete ihr eigenes Ding. Bereits nach drei Monaten holte sie ihre Mutter mit an Bord und kurze Zeit später auch ihre Schwester Jana.

In solchen Unternehmen erwartet man, dass die Füße der Geschäftsführerin in Schuhen stecken, die mehr kosten, als viele im Monat verdienen. Und oft lassen die manikürten, langen Fingernägel solcher CEOs ahnen, dass die echte Arbeit von denen mit den kurzen Fingernägeln gemacht wird. Bei den Fischers ist es anders. Hier wird höchstpersönlich zugepackt.

»Wir sind so erzogen worden, immer schön die Füße auf dem Teppich zu lassen«,

sagt Delia, »wahrscheinlich mag ich deshalb die schlichten Sachen lieber als das ganze ›Fancy-Schmancy.‹« Delia Fischer ist Mitte dreißig und trägt in ihrer Firma Verantwortung für knapp 1500 Mitarbeiter weltweit. Offenbar haben Mutter und Großmutter gute Arbeit geleistet, denn die Bodenhaftung ist dabei nicht abhandengekommen.

»Lieber ein gutes Brot zwischen den Zähnen als Kaviar oder so was.« »Und am liebsten mit Erdbeermarmelade!«, ruft Jana dazwischen. »Ein Butterbrot mit Erdbeermarmelade!« – »Ich sag dir was«, sagt Delia, »mir geht dieses ganzes Low-Carb-Gerede sowas von auf die Nerven. Ich brauche Brot. Jeden Tag! Und Pasta auch!«

Johanna backt das Dinkelbrot im gusseisernen Topf.
Erst eine Weile mit, dann ohne Deckel. Der Deckel wird entfernt, damit sich eine schöne Kruste bilden kann und um das Brotaroma durch das ganze Haus schweben zu lassen. Kross und goldbraun kommt das Brot aus dem Ofen und Jana deckt im Garten den langen Holztisch mit Omas altem Goldrandgeschirr. Und als auch noch der Holunderbusch an der Grundstücksgrenze ein paar Duftwölkchen beisteuert, ist Frieda ganz nah. »Wisst ihr was?«, sagt Delia. »Es ist traurig, dass die echten Omas aussterben.«
Und während die anderen nicken, läuft die Butter goldgelb über das warme Brot auf dieTeller ... Sorry, Frieda! Niemand schaffte es zu warten, bis das Brot kalt war.

Für die Weiterreise bekommt Vitus Limonade.
Limo aus Holunderblütensirup und Wasser, und er wird fit gemacht mit Dinkelmehl aus einer kleinen Mühle aus dem Donauries, die das Getreide der umliegenden Felder verarbeitet.

Ein Backtag mit drei wunderbaren Frauen geht zu Ende.
Und eine vierte war die ganze Zeit unsichtbar dabei: Frieda!

Der Brotduft hat sie in ihre Familie zurückgeholt.
Es war ein Tag mit sehr viel Lachen und sehr viel »Weißt du noch!« und der Erkenntnis, dass Brotbacken Lebensfreude ist ... und Brot essen auch!

westwing.de

DINKELBROT FÜR FRIEDA

Vorteig
200 g Sauerteigstarter
300 g Wasser lauwarm mit
5 EL Holunderblütensirup
200 g Dinkelmehl
Den Sauerteigstarter in der Wasser-Holunderblüten-Mischung auflösen. Mehl dazu und gut verrühren. Die Schüssel mit einem Deckel oder feuchten Tuch abdecken und über Nacht bei Zimmertemperatur stehen lassen.

Am nächsten Morgen geht es weiter mit folgenden Zutaten:
30 g Kefir
400 g Dinkelmehl
Brotgewürz
3 Esslöffel Öl
2–3 TL Salz
Der Vorteig wird mit Kefir und der zweiten Portion Dinkelmehl in der Küchenmaschine 10–15 Minuten ausgiebig geknetet.

Wer zu seinem Sauerteigstarter noch kein ausreichendes Vertrauen hat, gibt ein haselnussgroßes Stückchen »Schwimmflügelhefe« (Seite 114) dazu. Nach dem Kneten kommen Öl, Salz und nach Belieben Brotgewürz hinzu. Noch einmal 3 Minuten kneten und den Teig wieder ruhen lassen. Abgedeckt 1 Stunde bei Raumtemperatur.
Nach der Ruhezeit den Teig auf eine bemehlte Platte legen. Drei Durchgänge »stretch and fold« mit jeweils 15 Minuten Ruhezeit dazwischen lassen einen schönen, glänzenden Teig entstehen. Er soll unten eine Naht haben und oben glatt und gewölbt sein, wenn er fertig fürs Gärkörbchen ist. Mit einem Tuch abdecken und weitere 60 Minuten gehen lassen.
Gebacken wird mit der Topfmethode. 30 Minuten bei 250 °C mit Deckel und 30–45 Minuten bei 200 °C ohne Deckel.

BACKEN MIT GELINGGARANTIE

Gusseiserne Bräter sind großartig zum Backen.
Aber eigentlich kann jeder Topf den Job machen. Hohe Töpfe, flache, ovale und runde. Hauptsache, der Deckel schließt gut und es ist kein Plastik dran, denn das würde bei den Maximaltemperaturen im Backofen schmelzen.

Warum klappt das Backen mit Topf so gut?
Beim Backen verliert Brot viel von der Feuchtigkeit, die in ihm steckt. Brote, die hüllenlos, also »frei geschoben«, in den Backofen kommen, brauchen deshalb Wasserdampf, der zugeführt werden muss. Die Topfmethode erspart die Bedampfung, weil sie die Feuchtigkeit in der ersten Backphase unter dem Deckel hält!

Wie wird's gemacht?
Der Backofen wird samt Topf und Deckel auf 250 °C vorgeheizt. Der geformte Teig kommt in den heißen Topf. Deckel drauf und ab in den Ofen. Einfetten der Form ist nicht nötig. Je nach Rezept wird der Deckel etwa nach der Hälfte der Backzeit entfernt. Vorsicht! Sehr heiß! Das Brot backt dann deckellos und mit reduzierter Hitze einer wunderbaren Kruste entgegen. Ob ich Lieblingstöpfe habe? Oh ja!

Töpfe aus Emaille mag ich sehr. Sie sind leicht, leiten die Hitze gut und lassen sich problemlos in der Spülmaschine säubern.*

Gusseiserne Bräter, auch Dutchoven genannt, sind eine Anschaffung fürs Leben. Sie sind zum Kochen und zum Backen grandios und mit zunehmender Berufserfahrung werden sie immer besser. Kein Witz!**

Edelstahltöpfe sind toll. Ich habe mehrere kleine. In meinen Backofen passen zwei nebeneinander. So kann ich gleichzeitig ein Frühstücksbrot backen und eines zum Verschenken.***

Feuerfestes Glas ist für ungeduldige Gemüter ein Segen. Es lässt den Blick frei auf das, was sich im Inneren entwickelt. Meine Formen konnte ich in letzter Sekunde vor der Restmülltonne meiner Nachbarn bewahren.
Ich backe sehr gerne darin und freue mich, dass ich echte Designklassiker gerettet habe. Sie stammen nämlich aus dem legendären Bauhaus und wurden vom großen Wilhelm Wagenfeld entworfen.

Gut erhaltende Bräter finde ich sowohl auf deutschen Flohmärkten als auch in amerikanischen Thrift Shops. Da lässt sich viel Geld sparen. Vorausgesetzt, man weiß die Schätzchen zu reinigen. Wie? Das verrate ich später!

MEHLSÄCKE MACHEN SICH GERN NÜTZLICH

Von alten Mühlen habe ich ja schon an anderer Stelle geschwärmt.
Ich lasse mich dort vom Mehlgeruch glücklich machen und oft finde ich sogar schöne Dinge für zu Hause. Die Säcke, in denen früher Mehl transportiert wurde, haben es mir nämlich schon lange angetan. Mehlsäcke lieben es, sich nützlich zu machen. Mir müssen sie das nicht zweimal sagen, denn ich habe reichlich für sie zu tun. Wichtig ist, dass sie ihre Form behalten dürfen, es käme mir frevelhaft vor, an einem in Ehren gealterten Mehlsack herumzuschnibbeln. Aber es gibt eine Menge Jobs für Mehlsäcke, die sie übernehmen können, ohne ihre Form zu verlieren.

Mehlsäcke in Kissen verwandeln.
Die Säcke in der Maschine waschen. Colorwaschmittel benutzen, sonst bleicht die Schrift aus. Reißverschluss einnähen, mit Polsterwolle füllen, fertig! Die längliche Form der Mehlsackkissen passt besonders zu großen Sofas.

Wunderbare Wäschesacke.
Wer einen Hosenbügel hat und einen Mehlsack, der hat, zack!, auch einen Wäschesack. Sekundenschnell und ganz ohne Nähgarn. Am Haken an der Wand oder am Kleiderständer.

Zettelverwaltung.
Wer Abholscheine, Rezepte und Geburtstagskarten verwalten will, der braucht eine Pinnwand. Mehlsäcke sind herrliche Pinnwände. Eine Platte aus Styropor oder Weichfaser zuschneiden lassen und in den Mehlsack schieben. Überstand umklappen und auf der Rückseite festtackern, fertig!

Wo findet man solche Schätzchen?
Es lohnt sich, in Mühlen zu fragen, ob noch irgendwo alte Mehlsäcke schlummern. Eine gute Quelle sind auch Flohmärkte, Garagenverkäufe und Ebay.

Es müssen aber nicht immer alte Leinensäcke sein …
Kleinere Bäckereien bekommen Mehl und Körner in robusten Papiersäcken geliefert. Es gibt weiße und semmelbraune. Manche sind lustig bedruckt, andere schlicht und neutral. Vor allem aber sind sie dekorativ und ziemlich standfest.

Kann man aus alten Papiersäcken einen Hingucker machen?
Man kann! Bei mir arbeiten sie als Papierkörbe und Sammelstellen. Sie verwalten, höchst dekorativ, Tapetenrollen und Geschenkpapier, und auch als Schirmständer sind sie toll. Dann muss allerdings unauffällig ein Eimer hinein. Nasse Schirme würden den Papiersack sonst aufweichen.

Und wer nett fragt, bekommt die Säcke mit großer Wahrscheinlichkeit kostenlos.
Bäcker mögen es nämlich, anderen eine Freude zu machen. Mit ihren Broten machen sie das jeden Tag, und manchmal eben auch mit Papiersäcken.

WER SCHÖNES BROT GEBACKEN HAT, DARF STOLZ SEIN!

Angler fotografieren ihren Fang und Gärtner ihre Rosen. Warum also nicht Brotselfies machen, um unsere Werke zu konservieren, bevor sie aufgegessen werden? Erinnerungsfotos, die wir gerührt betrachten können, wenn keine Zeit zum Backen ist.
Vitus und ich haben Bäckern aus der ganzen Welt in ihre Teigschüsseln geguckt. Ich habe in Brote gebissen, die mich das Wort »Hochgenuss« neu buchstabieren ließen. Nie wurde mir langweilig zuzusehen, wenn Bäcker das warme Brot mit ihren Händen umfassten und strahlten. Es ist der Blick, der sonst nur bei Eltern zu beobachten ist, wenn sie ihre Babys betrachten.
Ein Leuchten, das das ganze Gesicht erhellt und offenbar aus den Herzkammern direkt in die Augen gepumpt wird.
Ich habe lange nach einem Wort gesucht, dieses Strahlen zu beschreiben. Als ich Josey Baker aus San Francisco traf, fiel es mir ein ... **Bäckerleuchten!**

JOSEY BAKER
Josey Baker Bread
San Francisco / USA
»Sauerteig ist strenge Wissenschaft und wilde Magie«

Wenn Josey kein Brot im Arm hielte, sondern ein Surfbrett, wäre das auch passend. Josey lebt den »Mach-was-du-willst-aber mach-es-gut-Traum« der amerikanischen Westküste. Vor sieben Jahren backte er zum ersten Mal. »Ich verliebte mich in gutes Brot und fand es toll, dass die Leute mir dafür Geld gaben.« Josey gründet ein Business. Ein kleiner Laden in San Francisco, in dem handgemachtes Brot verkauft wird. Artisan Bread! Er mahlt das Mehl tagesfrisch und kennt den Bio-Farmer persönlich, bei dem er das Korn kauft. Es gibt nur einfaches Sauerteigbrot bei Josey Baker. Pur, gut und nur wenige Sorten. »Wenn du das Brot mit deinen Händen machst, gibt es dir Energie und dann gibst du deine ins Brot zurück. Fühlt sich für mich an, als würde ich meine Energie mit denen teilen, die das Brot essen.« 500 Laibe entstehen täglich bei Josey Baker. Sie werden scheibenweise in San Franciscos Top-Restaurants zum Essen gereicht oder direkt verkauft. Und weil von dieser raren Menge nicht jeder jeden Tag etwas abbekommen kann, schreibt Josey Bücher, in denen er seine Rezepte teilt!
joseybakerbread.com

MARCUS MARIATHAS
Ace Bakery
Toronto / Kanada
»Brot macht jeden glücklich«

In den frühen 1990er-Jahren herrscht Krieg in Sri Lanka! Marcus flieht und findet eine neue Heimat in Toronto. Er jobbt in einer winzigen Bäckerei und lernt, wie gutes Brot gemacht wird. Die kleine Bäckerei ist heute eine große. Gebacken wird Tag und Nacht. Alle 24 Stunden 500.000 frische Brote. So viel Erfolg hat viele Väter, in diesem Fall auch eine Großmutter: Marcus' Großmutter Muthu. »Sie war eine leidenschaftliche Köchin und hat mich gelehrt, zu schmecken, was gut ist.« Sie riet ihm auch, stets der Beste im Rechnen zu sein. Zwei Ratschläge, die sich als gut erwiesen haben. Marcus machte daraus seine Erfolgsformel: Mathematik + Leidenschaft = Perfektion im Brotbacken!
acebakery.com

VASILIS UND STAVROS EVANGELOU
Apollonion Bakery
Athen / Griechenland
»Sauerteig ist der Geschmack der Zukunft aus der Vergangenheit«

Wenn ein griechischer Bäcker will, dass sein Handwerk fortgeführt wird, muss er sofort handeln, wenn sich Nachwuchs eingestellt hat. Das Bäckerbaby wird in die Backstube gebracht, dort von seinen Windeln befreit und achtern mit Mehl bestäubt. Hokuspokus? Bei Stavros war die Mehltaufe erfolgreich. Mit sechs backt er sein erstes Brot, hat mit 26 seinen Meister und macht mit Vater Vasilis aus der kleinen Backstube in Athen eine Großbäckerei, in der pro Tag 20.000 Brote entstehen. Sauerteigbrote. Handgemacht! »Ob du ein Brot machst oder tausend, ist egal. Du musst den Sauerteig nur ernst nehmen, sonst wird das nix!«
apollonion-bakery.gr/en_US

TOMMASO RIZZO
Panificio Rizzo
Castelvetrano / Sizilien, Italien
»Ich bin ein sehr, sehr reicher Mann«

Tommaso steht schon als Junge in Vaters Backstube und spielt Bäcker. Er rührt Mehl und Wasser zusammen und sein erster Sauerteig entsteht, ohne dass er es weiß. Seit mehr als 50 Jahren formt er Brote. »Es ist harte Arbeit«, sagt er, »aber je mehr du sie liebst, desto leichter wird es mit den Jahren!« Dem Sauerteig ist er treu geblieben und seinem alten Steinofen auch. Vergrößern wollte er seine Bäckerei nie. »Wozu?«, fragt er. »Ich bin doch auch so ein sehr, sehr reicher Mann. Ich habe drei Söhne und eine wunderbare Frau.« Und er hat Zeit! Kostbare Zeit, um das Wissen seines Bäckerlebens weiter zu geben. Es mache ihn dankbar, junge Leute strahlen zu sehen, wenn er ihnen seine Rezepte verrät. Tommaso lacht, denn er ist wirklich ein sehr, sehr glücklicher Mann.
panificiorizzo.altervista.org

TOM REES
Pain Plaisir
Bukarest / Rumänien
»Sauerteig hat Stimmungsschwankungen. Wir ja auch«

»Von dem Moment an, als ich mit Sauerteig in Berührung kam, wusste ich: Das ist mein Beruf.« Und diesen Beruf hat Tom Rees gründlich gelernt. Er verlässt seine Heimat Großbritannien und geht nach Paris. Lernt bei Fernseh- und Sterneköchen die Geheimnisse köstlicher Torten und findet dann den Sauerteig. Der führt ihn zu gutem Brot und später nach Bukarest, wo er eine »französische« Bäckerei eröffnet. Croissant, Baguette, Eclairs, alles mit Sauerteig. Warum? Weil es Tom nie langweilig wird, mit Sauerteig zu backen. »Er ist wie ein Freund für mich. Eine Persönlichkeit. Du musst ihm nur folgen und herausfinden, was er will!«
facebook.com/PainPlaisir

HAKAN DOGAN
Pasto
Bursu / Türkei
»Meine Sauerteige sind wie meine Kinder«

Wenn Hakan Dogan lacht, dann so laut, dass die Brote im Backofen wackeln. Seine Lebensfreude ist gewaltig. Er selbst nennt sich hyperaktiv. 42 Sorten Brot backt er täglich und schreibt nebenbei Bücher für Menschen, die gerne essen. Sein jüngstes bekam einen Kochbuchpreis: »Ekmeler« heißt es, »Brot«. Und dabei sollte Hakan Arzt werden. Der Vater, ein Bäcker, wollte, dass aus ihm »etwas Besseres« würde, aber nach zwei Semestern in Moskau bettelte der Sohn: »Papa, lass mich backen, das ist sicherer für alle. Wenn ich als Arzt einen Fehler mache, ist gleich jemand tot.« Er durfte heim, wurde ein richtiger Bäcker und machte Sauerteig zu seiner Passion. »Meine ersten beiden Sauerteige würde ich nie hergeben, sie sind wie meine Kinder.«
obur-dunya.blogspot.de

LETICIA VILCHIS
Masa Madre
Guadalajara / Mexiko
»Kein Brot ist wie das andere. Jedes ist ein Einzelstück«

Mit fünf Broten am Tag fing es an, jetzt sind es 500. Alle handgemacht und mit sieben verschiedenen Sauerteigen gebacken. Die Bäckerei ist klein, aber Leticia hat noch viel vor. Sie hat ihren Laden eröffnet, weil sie es liebt, zu backen und mit ihren Broten Gefühle zu wecken, die in uns allen schlummern. »Jeder hat doch Erinnerungen an Brot, Erinnerungen an die Kindheit. Ich will, dass es sich so anfühlt wie früher, wenn man das Brot im Mund spürt und die Kruste zwischen den Zähnen kracht. So, wie man das als Kind gespürt hat.« Sie backt mexikanisches Brot und französische Croissants, und damit ihr die Ideen nicht ausgehen, bringt sie aus jedem Land, das sie bereist, Backbücher mit nach Hause.
masamadre.com.mx

TATIANA IPPOLITOVA
Zelenodolsk/Tatarstan, Russland
»Alle Russen lieben den Geschmack von Sauerteig«

Als ich Tatiana kennenlernte, hatte sie »Tschak Tschak« dabei. Ein Gebäck, das ich nie zuvor gesehen hatte. Ich gestehe, auch von einem Land namens Tatarstan nichts gewusst zu haben. Das eine ist frittierter Weizenmehlteig mit viel Honig, das andere eine Republik tief im Osten Russlands. Tatiana ist Bäckerin, zurzeit aber öfter im Labor als in der Backstube zu finden. Sie tüftelt Rezepte für Brote aus, die die Backstraßen tatarischer Großbäckereien genauso lecker verlassen sollen wie Mutters Backofen. Das Lieblingsbrot der Russen ist dunkles Sauerteigbrot aus Roggen, sagt Tatiana. »Wir mögen Brot sehr säuerlich und essen es mit Öl und Ei.« Sollte ich jemals nach Tatarstan kommen, werde ich es probieren. »Tschak Tschak« kenne ich ja jetzt schon.

WOUTER TEMMERMAN
Trainee bei Puratos
St. Vith / Belgien
»Ich wollte nie etwas anderes werden als Bäcker«

Wenn ich vom Heiraten nicht gründlich die Nase voll hätte und Wouter nicht deutlich zu jung für mich wäre, würde ich ihm einen Antrag machen. Warum? Weil ich dann den Mann, der die besten Waffeln der Welt backt, ganz für mich alleine hätte. Bei belgischen Fritten bin ich hemmungslos, aber bei Wouters Waffeln setzt bei mir komplett der Verstand aus. Belgische Waffeln sind immer köstlich, aber die von Wouter sind mit Sauerteig gemacht. Wouter ist mein Waffel-Held, und dabei ist er noch in der Ausbildung. Nicht auszudenken, was er backt, wenn aus ihm ein großer Bäcker geworden ist. »Ich wollte nie etwas anderes werden, auch wenn meine Mutter sagte, da musst du sehr schwer arbeiten«, sagt Wouter. Manchmal ist es eben doch gut, wenn Söhne nicht auf ihre Mütter hören.
puratos.de

»Fürchtest du dich auch vor Brot, wenn es warm ist?«

»Natürlich nicht, Vitus. Die Omas haben sich geirrt.«

»Woher weißt du das?«

»Selbstversuche! Und außerdem kann ich googeln!«

»Googeln?«

»Das heißt so, wenn man schnell wissen will, ob was falsch ist.«

»Warmes Brot ist falsch?«

»Nein, aber es ist widerlegt, dass es Bauchweh macht.«

»Warum machst du dann das Googeln, das hätte ich dir auch sagen können.«

»Konzentrier du dich lieber darauf, dass dir die Blubberblasen nicht ausgehen.«

»Wann darf ich wieder raus aus dem Glas?«

»Das dauert. Wir fliegen nach England!«

GROSSZÜGIGKEIT

SAUERTEIG KANN SEHR, SEHR STUR SEIN

Manchmal ist die Zeit reif für Veränderungen.

Manchmal weiß man das genau und hört nicht hin.

Manchmal entdeckt der Sauerteig den Menschen
und nicht anders herum.

Eine Klingel gibt es nicht am Tor, aber ein Schild, das ausdrücklich vor Hunden warnt.
Das Tor ist dunkelblau, eine Kette hält es davon ab, im Wind hin- und herzuschwingen. Tief im Garten steht ein Haus. Die Aussicht auf ein Rudel Rottweiler lässt das Betreten des Grundstücks riskant erscheinen. Ich beschließe zu pfeifen. Pfeifen kann ich ziemlich gut und vor allem laut. Der Pfiff schrillt durch die Luft. Offenbar hörbar bis zum Haus, denn die Hunde bellen. Aber es kommt niemand zum Tor, um zu öffnen.

Barbara, meine Fotografin, und ich stehen in einem Dorf, eine Zugstunde nördlich von London. Ein Junge in dunkelblauer Schuluniform fährt auf dem Fahrrad vorbei, grüne Wiesen rundherum und an der kleinen Kreuzung eine rote Telefonzelle. Wie aus der Zeit gefallen bietet sie ihre altmodischen Dienste an. Allein für diesen Anblick hat sich die Reise schon gelohnt, denke ich und taste in meiner Manteltasche nach dem Handy.

»Vanessa? Wir stehen vor deinem Haus und fürchten uns, das Tor aufzumachen!«
»Ihr seid schon da? Oh Gott! Ich wollte noch Gemüse holen. Ich dreh sofort um und bin gleich da.« Wenige Minuten später hält ihr Auto vor dem Tor. Sie springt heraus. Bodenlanges schwarzes Kleid, Korb unterm Arm und eine lange blaue Schürze.
»Ich bin verwirrt«, sagt sie und dirigiert uns über den Kiesweg im Garten zum Eingang ihrer Küche, »ich dachte, ihr kommt später.«

»Wir haben am Flugplatz einen früheren Zug erwischt und dir gleich gesimst, dass wir eher hier sein können.«
Sie schaut mich ungläubig an.
»Echt?« – »Ja, echt. Du hast sogar zurückgeschrieben, dass du dich freust!« Vanessa lacht schallend.
»Ich fürchte, mir geht langsam der Überblick verloren bei den vielen Nachrichten, die ich bekomme. Am besten, wir machen uns erstmal einen Kaffee!«

Vanessa Kimbell ist Sauerteig-Entrepreneurin.
Sie sagt: »Sauerteig ist meine Seele, so als ob ich Sauerteig atmen würde« … Sie betont das Wort »atmen« und kichert dabei. »Findest du, dass das komisch klingt?«
Sie greift nach einer Schüssel für den Vorteig, sucht aus einem Stapel alter Leinentücher das passende aus und füllt einen Krug mit Wasser.
»Nein, finde ich nicht«, antworte ich ihr, »mich hat der Sauerteig ja auch im Sturm erobert.«

Vanessa schreibt Bücher über Sauerteig und hält Workshops.
Sie redet auf BBC Radio darüber, erforscht ihn, hegt und pflegt ihn und würde niemals einen Urlaubsort wählen, wohin sie ihren Sauerteigstarter nicht mitnehmen könnte.
Sie ist praktizierende Buddhistin, spricht fließend Französisch, hat drei Kinder, Haus und Garten, liebt Speisekammern, die mit hausgemachten Sachen gefüllt sind, und alte Küchenutensilien. Wenn sie von Sauerteig spricht, klingt es, als ob sie über einen Freund redet. Sie beschreibt ihn als »bescheiden und stolz zugleich« und nennt ihn ihren »Energiespender«.
Und als sie erzählt, mit welcher Sturheit der Sauerteig sich einen Platz in ihrem Leben erkämpft hat, beginne ich die besondere Verbindung zwischen den beiden zu verstehen.

Sie ist neun, als sie zum ersten Mal in ein Sauerteigbrot beißt.
In Nadaillac in Südfrankreich. Familienurlaub mit den Eltern. Nach 14 Stunden Fahrt darf sie endlich aus dem Auto. Ihr Blick fällt auf einen Baum. Ein Walnussbaum mit rauer Rinde. Sie klettert hinauf und kommt nur widerwillig herunter, als die Eltern sie zum Essen rufen. Sie gehen in den Dorfgasthof.
Auf dem Tisch steht ein Korb gefüllt mit Brot. Jedes Stück mit einer Kruste, die Vanessa an die Rinde des Baumes erinnert, auf dem sie gerade gesessen hatte. So ein Brot gab es in England nicht. Sie tunkt dicke Scheiben in ihre Suppe und ist glücklich.

Die Eltern kaufen ein Ferienhaus in Nadaillac und jedes Jahr freut sich Vanessa auf den Sommer in Frankreich und das Brot mit der dicken Kruste.

Das Brot in Frankreich fasziniert sie.

Sie will wissen, wo es gemacht wird. Und weil Brot nachts gebacken wird, klettert sie in der Dunkelheit aus dem Fenster ihres Zimmers und läuft die Straße entlang zu Hervé in die kleine Bäckerei.

Sie schaut zu und macht sich nützlich. Jede Nacht während der Ferien. Sie säubert die Gärkörbchen, scheuert Backbretter und fegt den Fliesenboden. Sie atmet den Geruch des frisch gebackenen Brotes ein und legt einen Duftvorrat in ihrem Gedächtnis an. Ein Vorrat, der bis zum nächsten Sommer in Südfrankreich reichen muss. In England gab es kein Sauerteigbrot. »Wenn ich in der Schule erzählte, wie Hervé Brot backt, sagten meine Freunde: ›Ist ja eklig, den Teig so lange herumliegen zu lassen. Wird der nicht schlecht?‹«

Vanessa wusste schon damals, dass der Teig nicht schlechter wird, wenn man ihm Zeit lässt.

Sie wusste, er wird aromatischer, aber im Vereinigten Königreich schätzten die meisten zu dieser Zeit das Brot eher geschmacksneutral.

Vanessa schließt in England die Schule ab und will das Kochhandwerk lernen. Sie arbeitet im Restaurant von drei Uhr nachmittags bis neun Uhr abends und weiß mit der freien ersten Hälfte des Tages nichts Besseres anzufangen, als nebenbei noch ein Studium zu beginnen. Kommunikationspsychologie. Nun arbeitet sie rund um die Uhr. Als sie mit 23 Jahren zwei Abschlüsse in der Tasche hat, ist sie ausgebrannt.

Sie bekommt Entzündungen im ganzen Körper und verträgt von einem Tag auf den anderen kein Brot mehr. Jeden Bissen bezahlt sie mit Schmerzen, geschwollenen Gelenken und Kopfweh. Kein Arzt kann helfen und sie beginnt sich damit abzufinden, Brot für immer von ihrem Speisezettel zu streichen.

Während Vanessa über Südfrankreich erzählte, tat Vitus unter dem Leinentuch still seinen Dienst.

In Zusammenarbeit mit Weizenmehl und Leitungswasser entstand in der kleinen Tonschüssel ein grandios bubbelnder Vorteig. »Dein Vitus ist stark …« Vanessa nickt anerkennend und erzählt weiter, wie sie sich bei einer Personalvermittlung um Arbeit als Köchin bewarb. Man sagte ihr, dass es momentan keinen passenden Job für sie gebe, und sie lachten, als sie sagten, sie könne ja als Personalvermittlerin anfangen. »Okay!« hab ich gesagt, »wo ist mein Schreibtisch?«

Sie stemmt eine Hand in die Hüfte und schiebt mir mit der anderen die Milch für den Kaffee herüber.

Ich kann mir die Power genau vorstellen, mit der sie damals in diesem Büro gestanden hat. »Die waren unfreundlich zu mir, das mag ich nicht!«

Obwohl komplett ohne Vorkenntnisse, wird sie schnell zur erfolgreichsten Vermittlerin im Büro und macht sich bald mit ihrer eigenen Agentur selbständig. Sie vermittelt Mechaniker und Heizungs- und Lüftungsbauer an große Firmen, bringt es auf Jahresumsätze von 2 Millionen britischen Pfund und ist stolz darauf, dass sogar Rolls-Royce bei ihr anruft, um sich Fachkräfte von ihr empfehlen zu lassen.

»Weiter weg vom Brot backen ging nicht, oder?«, sage ich grinsend und kann es kaum abwarten, zu erfahren, wie sie die Kurve zurück zum Sauerteig gekriegt hat.

Vor lauter Reden hatten wir nicht bemerkt, dass es draußen dunkel wurde.

Der Vorteig war fertig und der Hauptteig sollte längst für die Übernachtgare angesetzt werden. Mehl, Wasser, Salz. Vanessa braucht keine Waage, sie bemisst die Zutaten nach Gefühl. »Du wirst morgen früh sehen, das ist das einfachste Brot der Welt. Wir brauchen nicht mal eine Küchenmaschine zum Kneten.«

Vanessa strahlt, als sie den Teig zudeckt, und wir beschließen, auch uns ein bisschen Nachtruhe zu gönnen. Gleich in der Früh wollen wir weiterbacken. Und weiterreden auch.

Am nächsten Morgen kommen uns die Hunde schon entgegen. Gutmütig und schwanzwedelnd. Keine Rottweiler. Vanessa öffnet das Tor. Sie hat ausnahmsweise Lippenstift aufgelegt und führt uns in ihren Kräutergarten. »Ich will gleich Salbei mitnehmen«, sagt Vanessa, »den brauchen wir später für unser Brot.«
Der Teig wartet in der Küche unter dem Leinentuch. Er hat sich gereckt und gestreckt in der Nacht und wird sich bald in ein wunderbares Brot verwandeln. Vanessa schneidet Salbeiblätter in kleine Stücke.
»Und jetzt erzählst du mir bitte, wie dich der Sauerteig zurückerobert hat.« Ich hole meinen Block aus der Tasche und schaue Vanessa erwartungsvoll an. »Irgendetwas Wichtiges muss passiert sein, sonst würdest du ja immer noch Mechaniker vermitteln.«
»Die lange oder die kurze Version?«, fragt sie, während sie den Salbei mit weicher Butter verrührt. »Die lange. Unser Flieger geht um 19.30 Uhr!«

Als Vanessa heiratet, ist sie 27. Ausgestattet mit einem fürstlichen Gehalt, scheint sie der Erfolg zu begleiten wie ein Schatten. Was sie sich vornimmt, gelingt. Nur das Brot hat nach wie vor seinen eigenen Willen. Wenn sie Brot isst, rebelliert ihr Körper. Kein Arzt hat eine Erklärung dafür.
Das jung verheiratete Paar plant den Sommerurlaub. Vanessa will ihrem Mann das Örtchen Nadaillac zeigen, wo sie so viele Sommer verbracht hat, und natürlich die Bäckerei, zu der sie jede Nacht schlich, um frisches Brot zu riechen.

Gleich am ersten Morgen läuft sie in die kleine Boulangerie von Hervé.
Er schließt sie in die Arme und legt ihr ein großes, frisches Brot in die Hand. Vanessa reißt das erste Stück gleich in der Bäckerei vom Laib herunter. Es ist noch warm. Sie kaut es selig.
Sie trägt das Brot heim. Es ist noch still im Ferienhaus. Vanessa legt Hervés Brot auf den Tisch, schneidet eine dicke Scheibe ab und streicht Butter darauf. Dann noch eine Scheibe und noch eine. Als ihr Mann in die Küche kommt, liegen nur noch Krümel auf dem Tisch.
»Ich muss schuldbewusst ausgesehen haben wie ein Welpe, der einen Schuh zerkaut hat.« Das frische Brot war unwiderstehlich gewesen. Gemeinsam warten Vanessa und ihr Mann darauf, dass es ihr schlecht gehen würde. Aber es geschah nichts. »In den folgenden Ferienwochen habe ich nur noch Brot gegessen. Das Brot von Hervé.« Vanessa gluckst vor Lachen. »Brot mit Butter, Brot mit Marmelade, mit Käse, und noch mehr Käse und mit Honig und Paté.«

Brot war wieder in die Mitte von Vanessas Leben gerückt.
Sie machte Pläne, welche Brote sie backen und mit reichlich Butter verspeisen würde. Aber kaum aß sie die erste Scheibe zu Hause in England, war alles wie vorher. »Vier Tage krank. Schmerzen, alles wie immer.«

Sie glaubt, es läge am englischen Mehl, und lässt sich Mehl aus Frankreich schicken.
Ohne Erfolg. Ihr Körper reagiert mit Protest. Vanessa will nicht aufgeben und ruft alles aus ihrer Erinnerung ab, was sie als Kind in Hervés Backstube gesehen hatte, und ihr fällt der Sauerteig ein. Sie bittet Hervé, ihr ein Glas Sauerteig zu schicken, und beginnt damit zu backen.
»Mein erstes Sauerteigbrot war ein Desaster«, aber auch wenn es hart und störrisch war, sie wurde nicht krank davon.
»Weißt du, was ihr gemeinsam habt, der Sauerteig und du?« Vanessa schaut von der Schüssel auf, in der sie die Salbeibutter auf dem Teig verteilt. »Der Sauerteig gibt nicht auf, bis er am Ziel ist. So wie du!«

Es sollte noch etwas dauern, bis der Sauerteig sein Ziel erreichen würde.
Aber inzwischen war unübersehbar, dass er mit Vanessa etwas Besonderes vorhatte.
Die erste Tochter wird geboren. Vanessa vermittelt weiter erfolgreich Mechaniker und trifft sich mit den wohlhabenden Damen aus der Nachbarschaft zu Cream Tea und Cricket. »Yummy Mummies« nennt man in England die reichen und schönen Mütter. Deren Gespräche sich um Must-have-Handtaschen und die Privatschulen ihrer Kinder drehen. »Ich war so eine Yummy Mummy«, sagt Vanessa und wischt sich die Butterfinger an ihrer Schürze ab.

Das zweite Kind ist ein Junge.
Montags bis freitags ist Vanessa weiter erfolgreiche Personalvermittlerin, am Abend und an den Wochenenden bespaßt sie ihre Kinder. Sie kocht und backt, macht Marmelade ein und sorgt für ein Haus, so cozy, wie man es aus britischen Wohnzeitschriften kennt. Als Libiana und William alt genug sind, kommen sie auf eine Vorschule. Eine private, sehr teure Vorschule. Irgendwann beschließt die Familie, in ein Haus auf dem Land zu ziehen, und teilt dem vornehmen Direktor der vornehmen Privatschule mit, dass die Kinder in absehbarer Zeit die Schule verlassen werden.
Die Nachricht sickert durch und beschert Vanessa eine wichtige Erkenntnis: »Das Gerücht ging um, wir seien pleite und würden die Kinder aus Geldnot aus der

Schule nehmen. Schlagartig hatten wir kaum noch Freunde.«
Sie sagt, damals wäre ihr klar geworden, in welcher Illusion sie lebte. »Ich wurde nur nach der Größe meines Autos beurteilt und sehnte mich so sehr nach Wahrheit, nach den echten Dingen im Leben.«

»Wir müssen noch deinen Sauerteig füttern, bevor du fliegst.«
Ich war so tief abgetaucht in Vanessas Geschichte, dass ich das beinahe vergessen hätte. Die schlechte Laune von Vitus, die das nach sich gezogen hätte, möchte ich mir nicht ausmalen. Wir füttern ihn mit steingemahlenem Weizenmehl aus der Foster Mill in Cambridgeshire und Leitungswasser aus Pitsford.

Aber es brauchte noch die Reise nach Uganda, bis der Sauerteig bei Vanessa am Ziel war.
Sie wird eingeladen, eine Plantage zu besichtigen, auf der Vanille angebaut wird. Sie lernt Farmer kennen, die um ihr nacktes Überleben und das ihrer Kinder kämpfen. Vanessa ist entsetzt über die Ungerechtigkeit und kommt wütend zurück. Bereit, ihr Leben zu ändern. Sie beginnt, das Geld zu spenden, das sie sonst für Handtaschen ausgegeben hat. Hängt ihre Arbeit in der Agentur an den Nagel und wendet sich dem zu, was sie das wahre Leben nennt. Nesthäkchen Isobel kommt zur Welt und sie erkennt, dass Sauerteig ihre Berufung ist.

Für uns kommt das frische Salbeibrot auf den Tisch. Warm und duftend.
Vanessa ist eine begnadete Bäckerin. Aber sie backt nicht nur wunderbare Brote, der Sauerteig hat ihr zu einem neuen Beruf verholfen. In »Vanessa Kimbells Sourdough School« bringt sie Menschen aus der ganzen Welt den Umgang mit Sauerteig bei und in ihren Büchern verrät sie köstliche Sauerteigrezepte. Die Chance, sie heutzutage mit manikürten Händen und fancy Nagellack anzutreffen, scheint mir gering. Es ist wahrscheinlicher, dass Reste vom Sauerteig an ihren Nägeln kleben ... und das sieht sehr, sehr schön aus.

TIPP
Vanessa sagt, das Wichtigste beim Backen mit Sauerteig sei es, dem eigenen Gefühl zu vertrauen. »Vieles, was in Rezepten steht, ist nicht in Stein gemeißelt. Mal klappt es gut, weil es warm ist, mal geht der Teig nicht auf, weil es zu kalt ist. Finde deinen eigenen Rhythmus und gib nicht zu schnell auf!«

sourdough.co.uk

VANESSAS BROT MIT SALBEIBUTTER

Vorteig
80–100 g Sauerteigstarter
50 g Bioweizenmehl
50 g kaltes Leitungswasser

Den Starter mit dem Wasser in einer Schüssel mischen und dann das Mehl einrühren. Zudecken und 7 Stunden stehen lassen.

Hauptteig
325 g Wasser
400 g Bioweizenmehl
100 g Biovollkornweizenmehl
12 g Salz

Sobald der Vorteig genug geruht hat, in einer großen Schüssel Wasser und Vorteig gut verrühren. Dann Mehl und Salz dazugeben und gut mischen. Mit einem feuchten Tuch abdecken und über Nacht (kühl) stehen lassen.

100 g Butter
einige Salbeiblätter
für den kommenden Morgen bereitstellen. Die Butter muss weich sein, wenn sie zum Einsatz kommt. Wenn der Teig über Nacht gut aufgegangen ist, bekommt er ein Butterhäubchen. Das wird sehr vorsichtig auf den Teig in der Schüssel aufgestrichen. Ohne Druck, damit die Luftblasen, die sich gebildet haben, nicht zerdrückt werden. Es kann ein süßes Häubchen sein oder ein salziges. Wichtig ist nur, dass weiche Butter im Spiel ist.
Für das Salbeibrot 6–7 Salbeiblätter mit der Schere zerschneiden und mit der Butter verrühren. Eine Kastenform mit Deckel im Ofen auf 200 °C erhitzen. Die Form aus dem Ofen nehmen, ein paar Salbeiblättchen hineinlegen. Dann den Teig mit dem Salbeibutterhäubchen vorsichtig in die Form gleiten lassen. Ein paar zusätzliche Salbeiblätter auf den Teig legen und die Form verschließen. Die Butter sinkt auf den Boden der heißen Form und »brät« das Brot von unten. 30 Minuten bei 200 °C mit geschlossenem Deckel backen. Je nachdem, wie gebräunt das Brot sein soll, können am Schluss noch ein paar Minuten Backzeit ohne Deckel hinzugegeben werden.

TIPP
Hohe Kastenformen sind toll, weil sie das Brot davor bewahren, beim Backen in die Breite zu gehen. Mit Deckel sind solche Formen aber schwer zu finden. Wer eine längliche Kuchenform hat, stellt sie einfach in einen großen, ovalen Schmortopf. Deckel drauf, backen, fertig!

SCHÄTZE MIT WELLENSCHLIFF

Meine Großmutter pflegte zu sagen: »Wer kein Brot schneiden kann, sollte nicht heiraten!«
Ich hab's trotzdem gemacht. Zweimal sogar! Jahrelang habe ich geglaubt, dass ich nur deshalb bei der Ehe keine glückliche Hand hatte, weil meine Brotscheiben stets ausgefranst und schief daherkamen. Bis ich eines Tages entdeckte: Ich hatte nur das falsche Messer. Ob meine Ehen glücklicher verlaufen wären, wenn ich von Anfang das richtige Schneidewerkzeug gehabt hätte, lässt sich nicht mehr nachprüfen. Aber ich bin der Beweis, dass es auf das Brotmesser ankommt, nicht auf den, der es führt.

Was muss ein gutes Brotmesser können?
Eigentlich handelt es sich bei einem Brotmesser in Wahrheit um eine Brotsäge. Das ist schon das ganze Geheimnis. Brot will nämlich nicht gequetscht, sondern gesägt werden. Das Zauberwort heißt Wellenschliff. Nur dieser Schliff bezwingt knusprige Krusten, ohne den Laib zu zerreißen. Ein Mann namens Franz Güde hatte die Idee. Er suchte nach einer Klinge für »krümelreduzierte Ergebnisse«. Er tüftelte und erfand den Wellenschliff, mit dem heute weltweit die meisten guten Brotmesser ausgerüstet sind. Ich habe mir das Original bei Güdes Enkeln gegönnt. Ein kleines und ein großes Messer.*

Ein gutes Brotmesser ist nicht billig, aber eine Anschaffung fürs Leben.
Mir gefällt die Vorstellung, dass ich dereinst von meiner Wolke hinabschaue auf meinen Sohn, der dann gewiss eine eigene Familie hat. Und es wird mich freuen zu sehen, wie er mit unserem alten, wellengeschliffenen Brotmesser die Stullen für seine Kinder zurechtschneidet. Gute Brotmesser sind unverwüstlich und man sagt, dass sie mit den Jahren immer besser würden. Die meisten hochwertigen Messer kann man sogar zum Nachschleifen ins Werk zurückschicken.

TIPP
Es lohnt sich, auf Flohmärken die Augen nach Brotmessern offen zu halten. Immer wieder lassen sich gut erhaltende Exemplare finden, weil viele nicht wissen, welchen Schatz sie in Omas Küchenschublade gefunden haben.

SAUERTEIG MACHT SCHÖN

Es gibt Sauerteigstarter, die nach frischem Müsli riechen. Fruchtige und sahnige, starke, schwächelnde, helle und dunkle ... aber niemals gibt es zu viel davon.
Übrig gebliebenen Sauerteigstarter sollte man nicht wegwerfen, denn er kann viel mehr als Brot mit uns backen. Er macht uns schön! Von innen und von außen!

Sauerteigstulle
Roggenbrot macht von innen schön! Warum? Weil Roggen reichlich B-Vitamine enthält. B_1 und B_2, B_6 und sehr viel Folsäure. Alles Schönmacher für Haut und Haare. Und der fermentierte Teig stärkt beim Butterbrotessen ganz nebenbei auch noch unser Immunsystem.

Sauerteigmaske
Sauerteig ist eine grandiose Gesichtsmaske. Ganz ohne Parfum und chemische Inhaltsstoffe, aber hochwirksam. Warum? Weil neben den guten B-Vitaminen auch noch Magnesium und Zink darin stecken. Alles gut, um Feuchtigkeit in der Haut zu halten und strapazierte Hautzellen zu besänftigen. Die Durchblutung der Haut wird gefördert und Trockenheit gemildert.
Den Sauerteigstarter mit Wasser verdünnen, bis er sich mit einem Pinsel gut verstreichen lässt. Die Augenpartie aussparen. Nach 20 Minuten mit viel Wasser abwaschen.

Sauerteig-Peeling
Für ein Sauerteig-Peeling wird getrockneter Starter im Mörser zerstoßen. Wie Trockensauerteig hergestellt wird, verrate ich später (siehe Seite 177). Mit kreisenden Bewegungen auf die nasse Haut auftragen. Das Peeling eignet sich für Gesicht und Körper, es tut gut und hilft gut, vor allem bei Hautunreinheiten. Danach gründlich abwaschen.

Und wie lässt sich so viel Schönheit feiern? Mit Sauerteigsekt!
Den Namen habe ich ihm gegeben, weil er so schön champagnerperlig auf der Zunge bizzelt. In Russland heißt er Kwas und wird aus altem Sauerteigbrot gemacht. Trinkfertiger Kwas ist durch die vielen Milchsäure bakterien ein gesundes probiotisches Lebensmittel und ein bisschen lustig macht er auch, denn Kwas entwickelt bis zu 2% Alkohol. Es gibt unzählige Rezepte.

Ein britisches Kwas-Rezept mit Tee

350 g möglichst dunkles Sauerteigbrot
200 g Zucker
2,5 Liter Wasser

400 g Sirup statt Zucker gehen auch. Am besten hausgemachter Sirup, dann weiß man, was drin ist.
Alles in ein großes Glas füllen und bei Raumtemperatur stehen lassen. Bald bilden sich erste Bläschen. Nach 24 Stunden durch ein Tuch filtern.
Die Flüssigkeit in saubere (!) Flaschen gießen und kalt stellen.

WICHTIG: Nur zur Hälfte füllen, denn der Gärprozess geht weiter und kann Flaschen zum Platzen bringen. Nach 24 Stunden im Kühlschrank die halbvollen Flaschen mit Tee auffüllen. Der Tee muss kalt sein, sonst würgt er die folgende zweite Fermentierung ab. Die Flaschen noch einmal 24 Stunden im Kühlschrank reifen lassen. Fertig ist der Sauerteigsekt!

TIPP
Sauerteigsektflaschen am besten nie vollständig verschließen. Schraubverschlüsse nicht fest zudrehen, Kippverschlüsse nur locker auflegen und immer wieder den Druck kontrollieren. Wer unsicher ist, nimmt Plastikflaschen. Ist nicht so hübsch, nimmt aber anfangs die Angst vor Explosionen.
Je länger der Kwas im Kühlschrank steht, desto säuerlicher, bizzeliger und alkoholhaltiger wird er.
Ich nehme anders als Vanessa statt Schwarztee am liebsten Pfefferminztee zum Angießen. Superlecker!

FREUNDSCHAFT IM GLAS

Das Zusammenleben mit Sauerteig ist ein Abenteuer.
Wer sich darauf einlässt, wird mit einem Gefühl belohnt, das sich wie Freundschaft anfühlt. Manche Freundschaften fangen grandios an und fallen dann in sich zusammen. Andere kommen gar nicht erst richtig in Fahrt und wieder andere entwickeln sich langsam. Wie im richtigen Leben.

Ich habe Starter erlebt, die mir die Freundschaft nicht leicht gemacht haben.
Ich hatte einen, der mochte Sonne. Wenn ich ihn auf den Terrassentisch stellte, plusterte er sich um das Doppelte auf, aber seine Aufgabe im Brot erfüllt er nur mittelmäßig. Einer roch so sauer, dass ich mit einem Geschmacksfiasko rechnete, aber sein Roggenbrot war großartig. Ich hatte es mit langsamen und hyperaktiven Sauerteigstartern zu tun. Und mit einem, der darauf bestand, pünktlich gefüttert zu werden.

Eines Tages steht dann der Sauerteigstarter vor dir, der wirklich zu dir passt.
Du hast das Gefühl, dass er seine Bubbles nur für dich produziert und von Zeit zu Zeit den Deckel vom Glas anhebt, um sich dir zur Begrüßung entgegenzustrecken. So beginnen wunderbare Freundschaften. Freundschaften im Glas.

Jeder weiß, dass echte Freundschaft nur beginnen kann, wenn wir uns wirklich einlassen.
Besonders wertvoll sind die, um die wir kämpfen, auch wenn der Anfang schwierig erscheint. So ging es mir mit Vitus. Ich mochte ihn von Anfang an, weil er so gut roch. Aber er machte es sich bequem und hockte lieber im Glas, als Brote zu lupfen. Erst als wir begannen zu reisen, wurde er richtig aktiv. Oder waren es die Tipps von Dr. Sauerteig, Karl De Smedt? Oder das Weihwasser von Schwester Michaela? Wahrscheinlich war es eine Mischung aus allem und ganz bestimmt hat ihn besonders erfreut, dass er einen eigenen Namen bekam!

Sauerteigfreundschaften 2.0.
Das Internet ist voll mit tollen Seiten, auf denen die Liebe zum Sauerteig geteilt wird. Foren und Facebook-Gruppen und unzählige Blogs. Newsletter und Rezeptbörsen. Es lohnt sich wirklich, ein bisschen zu googeln, um Sauerteig-Lover auf der ganzen Welt kennenzulernen.

Sauerteigfreundschaften im wahren Leben.
Wenn mir ein Brot besonders gut schmeckt, dann frage ich in der Bäckerei manchmal, ob ich in die Backstube darf. Meine Bitte wurde mir bisher noch kein einziges Mal abgeschlagen und nie habe ich schlechte Laune in der Backstube angetroffen. Dies ist umso erstaunlicher, als ein Bäcker, den ich morgens um 9 Uhr überfalle, meist schon eine ganze Arbeitsnacht hinter sich hat. Bäcker sind nämlich nette Leute! Und es passiert viel zu selten, dass jemand in die Backstube kommt und Danke sagt für das gute Brot. Manchmal schwatze ich den Bäckern bei meinen Besuchen noch eine Portion von ihren Sauerteigstartern ab. Dann blubbert Vitus zwar beleidigt in sein Glas, aber ich freue mich über Abwechslung beim Backen.

Besonders gern mag ich Backstubenabenteuer im Ausland.
Urlaub wird für mich durch einen Besuch in einer Backstube erst richtig schön. Frankreich? Schweden? USA? Wunderbar! Anfangs gehört ein bisschen Überwindung dazu zu fragen, aber beim zweiten und dritten Mal ist es schon ganz leicht. Und auch wenn die Sprachkenntnisse nicht überall für lange Gespräche reichen ... ein strahlendes »Mmmhhh!« beim Biss ins Ciabatta und leuchtende Augen, wenn der Bagel die Geschmacksknospen trifft, das versteht jeder, weil es ist internationale Brotsprache ist.

TIPP
Sauerteig ist ein wunderbares Reisesouvenir. Wenn der Lieblingsbäcker in Taormina oder Avignon ein Gläschen Starter spendiert, lässt sich das bis zum Ende der Reise trocken legen und dann bequem nach Hause transportieren. Die Anleitung steht auf Seite 177. Ich habe übrigens für diese Fälle immer ein Stück Backpapier im Koffer. Den Rest erledigt die Sonne. Und zu Hause freue ich mich über ein Brot, das nach Urlaub schmeckt!

UNSER TÄGLICHES BROT GIB UNS HEUTE

Sie fingen immer vorne flacher an, als sie hinten aufhörten.
Und je nachdem, ob sie vom Anfang oder vom Mittelteil stammten, variierten sie auch gewaltig in Länge und Breite. Manchmal musste ich mich anstrengen, die dicken Scheiben zwischen die obere und untere Reihe meiner Milchzähne zu schieben. Ich erinnere mich an einen Sommer, da klappte es besser. Was daran lag, dass die Reihen zahnwechselbedingt nicht ganz geschlossen waren. Wenn ich ein Brot auf die Hand bekam, bediente ich mich einer besonderen Technik, mit der ich selbst die dicksten Scheiben austricksen konnte: Ich bohrte mit dem Finger ein Loch in die Mitte, pflückte Bissen für Bissen aus dem weichen Innenteil heraus, bis nur ein Kranz übrig blieb. Wenn ich den aufriss, entstand eine mehr oder weniger lange Krustenschlange, die ich am Kinn herunterbaumeln ließ, um sie Zentimeter für Zentimeter ohne Zuhilfenahme der Hände zu verspeisen.

Es ist unglaublich, wie detailliert sich die Erinnerungen einstellen, wenn wir an Brot denken.
Sobald wir die Augen dabei schließen, gehen wir auf eine Zeitreise. Und egal, wie weit sich der Reisende bereits von seinen Kindertagen entfernt hat, die meisten führt der Gedanke an ein gutes Brot zurück in die Kindheit.

Die dicken Brotscheiben meiner Kindheit verdanke ich meinem Onkel Roman.
Helle Brote wurden im Haus gebacken, für dunkles Brot und Brezen fuhr man zum Dorfbäcker. Ich saß oft auf dem Rücksitz und hielt die Rucksäcke fest, in denen das Brot nach Hause gebracht werden sollte. Plastiktüten? Kein Gedanke! Die Leinensäcke hatten schon viele Dienstjahre auf dem Buckel. Ich schnüffelte immer daran, bis wir beim Bäcker ankamen. Der Duft von frischem Brot war untrennbar mit dem Gewebe verbunden.

Mein Onkel war ein ungewöhnlich schöner Mann.
Das ließ sich unter anderem daran erkennen, dass die Verkäuferinnen im Laden bereits zu strahlen begannen, wenn er noch dabei war, das Auto vor dem Schaufenster zu parken. Wir mussten nie etwas bezahlen, wenn wir mit den Rucksäcken voller Brot die Bäckerei verließen. Ich war jahrelang davon überzeugt, dass dies nur deshalb geschah, weil alle Verkäuferinnen in meinen Onkel verliebt waren. Die Wahrheit war aber, dass mein Onkel das Mehl an den Bäcker lieferte und einen Teil seiner Bezahlung in Brot erhielt.

Onkel Roman war Bauer.
Ein frühes Abendbrot nannte er Vesper, und wenn die Zeit dafür kam, nahm er das Brot, schlug in der Luft ein Kreuz darüber und zog den Laib mit dem linken Arm an sich heran. Mit rechts griff er nach dem Brotmesser und schnitt Scheibe für Scheibe direkt vor der Brust vom Laib herunter. Ich habe seitdem nie wieder jemanden so schön Brot schneiden gesehen. Es waren wunderbare Scheiben. Jede einzelne wie ein Tischgebet: »Unser tägliches Brot gib uns heute!«

»Keiner liebt mich!«

»Vitus, du spinnst!«

»Zack! Raus dem Glas, zack! Rein in den Teig. Kein Dankeschön, nix.«

»Das Wort ›zack!‹ gehört mir. Aber mein Herz gehört dir!«

»Warum merke ich das dann nicht?«

»Weil du vielleicht nicht richtig hinhörst?«

»Ich sitze immer alleine in der Kühlröhre ...«

»Wenn ich zarter gebaut wäre, würde ich dir Gesellschaft leisten.«

»In deinem Kühlschrank hocke ich auch einsam herum. Im Stockfinsteren sogar, weil du immer das Licht ausknippst, wenn du die Tür zumachst.«

»Das Licht geht automatisch aus!«

»Ich bin einsam!«

»Ich versprech dir was, Vitus. Wir reisen noch ein bisschen, du lernst spannende Menschen kennen und am Ende sorge ich dafür, dass du nie wieder allein bist.«

»Rührst du mir dann eine Freundin an?«

»Besser!«

»Versprochen?«

»Versprochen!«

MUT

VIER JAHRE ALS GEIST SIND GENUG!

Irgendwann stand sie hinter ihr. Lautlos!

Sie machte erst zaghaft auf sich aufmerksam, dann immer drängender.

Bei starken Menschen kommt die Erschöpfung leise.

Die dunklen Schatten unter ihren Augen waren irgendwann unübersehbar.
Die Erschöpfung macht das so, wenn sie gesehen werden will. Barbara wollte nicht sehen. Sie hätte die Schatten mit Make-up aufhellen können, aber ihr fehlte die Eitelkeit dazu, und irgendwann auch die Kraft. Sie hätte Hilfe holen können, aber sie wusste nicht, wo. Bei den Berufskollegen? Damit auf den Fluren über sie geredet würde? Den meisten Menschen ist Erschöpfung peinlich, Barbara war keine Ausnahme.

Niemand musste ihr sagen, was sich in ihr zusammenbraute. Sie war ja selbst vom Fach.
Maximale Leistung in minimaler Zeit liefern. Dafür war sie bekannt. Stets die sehr kluge Tochter eines sehr klugen Vaters. Sie hat ihm nie sagen können, dass sie Schluss gemacht hat mit der Wissenschaft. Er starb, bevor sie den Mut aufbringen konnte, es ihm zu gestehen.

Die Schatten unter ihren Augen sind nur noch schwach zu sehen.
Sie lacht viel. Die Zeichen der Anstrengung beginnen zu

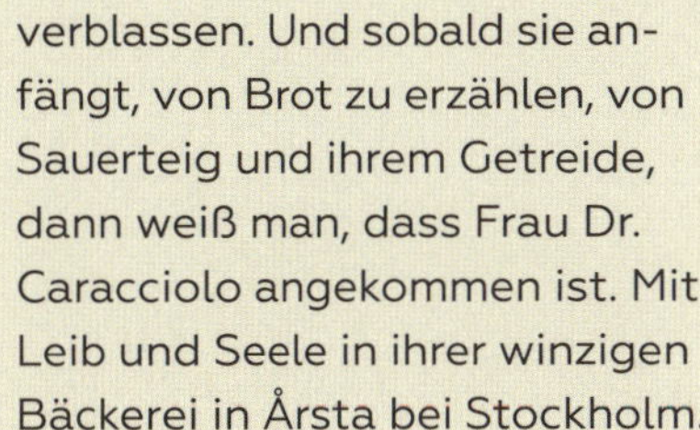

verblassen. Und sobald sie anfängt, von Brot zu erzählen, von Sauerteig und ihrem Getreide, dann weiß man, dass Frau Dr. Caracciolo angekommen ist. Mit Leib und Seele in ihrer winzigen Bäckerei in Årsta bei Stockholm.

Sie hat experimentelle Psychologie und Epidemiologie studiert und in einem römischen Krankenhaus gearbeitet.
Ihre Arbeit liebte sie sehr. Aber sie gehört zu den Menschen, die immer ein bisschen mehr machen als nötig. Jeden Tag ein bisschen mehr. Das addiert sich. Sie konnte die dunklen Wolken spüren, die in ihrem Inneren aufzogen, aber sie funktionierte weiter. Ein Umzug würde helfen, dachte sie. Das Angebot einer schwedischen Universität kam ihr gerade recht. Sie verlässt Rom und zieht nach Stockholm. Von der Mittelmeersonne in die Mittsommernachtssonne. Vom warmen Süden in den frostigen Norden. Sie verträgt das Essen zunächst nicht und ernährt sich monatelang von Möhren und Knäckebrot. »Das war das Einzige, mit dem ich klarkam«, erzählt sie und bindet sich eine Schürze um. »Ich hab damals so viele Möhren gegessen, dass ich irgendwann ganz gelb war im Gesicht.«

Barbara Elisi Caracciolo ist eine Frau, die immer geliefert hat. Gute Noten, wissenschaftliche Arbeiten, Abschlüsse. »Alle haben von mir erwartet, dass ich perfekt war. Erfolgreich und perfekt.« Sie tut, was von ihr erwartet wird, und bringt es auf eine stattliche Sammlung an Titeln. Einen Master of Science in experimenteller Psychologie, einen in Epidemiologie und einen Doktortitel noch dazu. Ganz die folgsame Tochter ihres Vaters, der ein Schuldirektor war und abends zur Entspannung Lexika las. Ein Vater, der daran glaubte, dass nur akademische Titel seine Tochter glücklich machen würden.

»Es wird jetzt ein bisschen laut!«, sagt Barbara, »weil ich die Mühle anstelle.« Sie füllt das Getreide ein und legt den Schalter um. Den Weizen holt sie bei Bo in Ölandsviete, eine Autostunde von Stockholm entfernt. Und Emmer wird von Francesca in Barbaras italienischer Heimat angebaut, in Apulien. Gutes Getreide macht ein Brot erst perfekt, sagt sie. Das Wort »perfekt« benutzt sie immer noch oft. Aber in ihrer Backstube hat es einen guten Klang. Anders als damals, als ihr Wunsch, perfekt zu sein, sie zu Höchstleistungen zwang.

»Brot ist das vollkommenste Lebensmittel«,
sagt Barbara und verrührt Wasser und Kumin in einem Schüsselchen. »Vollkommen und einfach zugleich. Wir wollen zusammen Knäckebrot backen. »Wickingerpizza«, wie Barbara es nennt. »Brot ist mir heilig. Wenn ich backe, habe ich das Gefühl, mich mit der aufregendsten Sache der Welt zu beschäftigen.« Sie mischt die Mehle, gibt verschiedene Kerne und Wasser dazu und stellt die Küchenmaschine an. Es wird wieder laut, aber das stört uns nicht beim Reden. Barbara erzählt, wie sie in Schweden ihren Mann kennengelernt hat und wie ihre Tochter Adina zur Welt kam. »Dann bist du auf einmal Mutter und wieder stellst du dich zurück.«
Sie kräuselt die Stirn. »Versteh mich nicht falsch, ich bin sehr gerne Mutter, aber wenn dein Kind klein ist, geht es nie um dich, es geht immer um das Kind.« In den ersten Jahren ist Adina viel krank und schläft keine Nacht durch. Barbara arbeitet tagsüber an der Uni und schreibt die Doktorarbeit in Nächten, die sehr kurz sind. Treibt sich immer neu dazu an, Leistung zu erbringen, und schiebt ein grandioses Schlafdefizit vor sich her. »Du hättest mich nicht erkannt damals«, lacht sie, »ich sah aus wie ein ›walking Zombie‹«.

Die Küchenmaschine hat den Teig fertig geknetet.
Es ist wieder still in dem kleinen Raum. In wenigen Wochen will Barbara ihre Bäckerei eröffnen. Das Ladenlokal ist winzig. 40 Quadratmeter. Kaum größer als die Büros, in denen sie einst wissenschaftliche Arbeiten schrieb. Die Theke aus weiß gestrichenem Holz ist fast so lang wie die Fensterfront. Es gibt einen Kühlschrank, ein paar Regale, einen großen Backofen. »Spigamadre« steht über dem Laden. Der Name »Mutter des Getreides« gefällt Barbara schon lange.

Irgendwann wurde aus der Erschöpfung ein Burn-out.
Ein großes, böses Burn-out. Eines, das für zwei Personen gereicht hätte. »Ich hatte meine eigene Mitte verlassen, um andere zu erfreuen, und zahlte den Preis dafür.«
Sie will ihre Dissertation abschließen. Unzählige Fußnoten rütteln an ihren Nerven. Barbara verlässt die Spur nicht und schafft auch die Doktorarbeit. Sie fürchtet sich zu Tode vor dem mündlichen Teil, aber sie schafft auch den. Und dann ist sie fertig. Ein großer Erfolg. Die Professoren loben sie, aber es stellt sich kein Stolz bei ihr ein. Sie macht weiter und versucht zu funktionieren. Sie ruft zu Hause in Italien an und berichtet dem Vater von ihren Erfolgen an der Uni.
Wenn sie abends heimkommt, sucht sie nach einem Ausgleich. Brot fasziniert sie. Sie beginnt darüber zu bloggen. Recherchiert seine Geschichte und die des Backens. So wie das eine Wissenschaftlerin tut, aber sie spürt, dass Schluss sein muss mit der Theorie. Sie will die Praxis. Sie will riechen, fühlen und hineinbeißen. »Du kannst dir nicht vorstellen, wie sehr ich mich nach einem Leben ohne Druck und ohne Fußnoten sehnte.«

Der Teig saust krachend auf den Tisch.
Barbara zieht ihn in die Länge und faltet ihn. Sie lässt ihn wieder auf die Platte sausen und zieht und faltet weiter. Auf diese Weise soll ein glänzendes Teigstück aus der klebrigen Masse werden.
»Man kann wirklich sagen, dass ich meine letzten Jahre in der Wissenschaft als Geist verbracht habe. Ich war irgendwie anwesend, aber nicht mehr da«.

Sie schlägt den Teig so fest auf die Arbeitsplatte, dass die Körbchen auf der gegenüberliegenden Seite im Regal hüpfen.
Und sie lacht. Ein warmes Lachen, eines, das sich in der Seele sammelt und dann aus dem Mund hüpft. Sie atmet tief ein und aus und freut sich über jeden Knall, den sie mit dem Teig fabriziert. Es ist eine Methode, die offenbar nicht nur dem Teig guttut.

»Slap and fold« heißt die Teigschlägerei in der Bäckersprache.
Ich nenne sie ab heute den Barbara-Flip. Man braucht Kraft, eine standfeste Arbeitsplatte und einen Teigspachtel. Die Platte muss mehlfrei sein, denn der Teig soll ja am einen Ende kleben, damit er am anderen Ende gezogen werden kann. Wieder und wieder muss er auf die Platte sausen. Ein großes Getöse in dem kleinen Laden. Draußen vor dem Fenster bleiben ein paar Leute stehen.

Der Teig für die Wikingerpizza muss ruhen.
Barbara macht Kaffee. »Ist leider nur Instant-Kaffee«, entschuldigt sie sich, »die gute Kaffeemaschine ist noch nicht da.« Sie erzählt, dass ihr allererstes Brot ein Sodabrot war. »Ich war überrascht, wie einfach das ging.« Sie wird beim Backen immer mutiger und wagt sich an die nächste Schwierigkeitsstufe.
»Wenn du glaubst, dass in italienischen Familien ständig gebacken wird, dann täuschst du dich gewaltig«, lacht sie. »Ich komme aus einem total backfreien Haushalt. Meine Eltern waren Lehrer. Wir haben das Brot beim Bäcker geholt.«

Barbara lernt backen aus Büchern und im Internet.
Brot Nummer zwei wird ein italienisches »Filone«-Brot. Es gelingt sofort und schmeckt wie Heimat für sie. Sie fühlt sich bereit für ihren Backversuch Nummer drei, ein Sauerteigbrot. Ein italienisches Landbrot, eines wie damals, wenn ihre ganze Familie Ausflüge machte an die Seen rund um Rom. »Seit meiner Kindheit hatte ich kein Sauerteigbrot mehr gegessen. Ich schnitt es an und mit jedem Bissen begannen kostbare Erinnerungen durch meinen Kopf zu sausen.« Das war der Tag, so sagt sie, an dem sie sich in den Sauerteig verliebt hat.

Es waren Urlaubsfotos, die sie schließlich dazu brachten, ihr Leben zu ändern.
»Die Fotos hatten wir auf Sizilien gemacht. Ich schaute mir die Bilder an und sah, wie traurig ich war. Traurig und irgendwie besiegt. Ja, das ist das richtige Wort. Ich sehe auf den Fotos besiegt aus.«
Barbara gehört nicht zu denen, die endlos stillhalten, wenn sie besiegt werden. Sie beschließt, die Straße zu verlassen, die andere für sie vorgesehen hatten. Sie legt eine innerliche Vollbremsung hin und nimmt die nächste Ausfahrt.

Die Zeit ist reif für die letzten Handgriffe in Sachen Wikinger-pizza.
Nun muss reichlich Mehl auf die Arbeitsplatte, damit das Knäckebrot schön dünn ausgewalzt werden kann. Am besten geht das mit der »Kruskavel«. So heißt das schwedische Nudelholz, das die schönen Muster ins Knäckebrot rollt. Barbara blickt stolz auf jeden einzelnen Fladen, der im Ofen verschwindet.
»Ich weiß, es klingt komisch, aber das Backen mit Sauerteig war das Erste, das ich jemals nur für mich gemacht habe. Ich war wie im Rausch, als ich entdeckte wie einfach das war und wie sehr der Sauerteig dich für deine Arbeit belohnt. Niemals vorher war mir etwas so leichtgefallen.«

Dabei begann die Liebe zwischen Barbara und dem Sauerteig mit Startschwierigkeiten.
»Mein erster Starter überlebte nicht mal seine erste Woche.« Mit dem zweiten lief es besser. »Ich habe ihn zehn Tage lang gefüttert und mit jedem Tag wurde er lebendiger«. Für Barbara ist ihr Starter eine »Sie«. Sie wohnt in Barbaras Kühlschrank bei 5 °C und treibt bis heute alle Brote an. Was sie am Sauerteig besonders liebe, sei seine Nachsichtigkeit. »Sie verzeiht mir, wenn ich spät dran bin mit Füttern, den Teig nicht perfekt falte oder die Zutaten mal schlampig abwiege. Sie schenkt mir immer ein gutes Brot.« Barbara gehört auch zu denen, die mit dem Bauch backen. Sie liebt es, frei zu sein beim Ausprobieren und Tüfteln. »Flugzeuge sollte man besser nicht intuitiv fliegen«, lacht sie, »aber beim Brot backen geht das schon.«

Barbara nennt ihren kleinen Laden eine Mikrobäckerei.
Sie will nur backen, was sie alleine schafft. Einfaches Brot aus besten Zutaten. Und sie will frisch gemahlenes Mehl verkaufen, damit die Leute von Årsta schmecken können, was gut ist. Im nächsten Sommer werden die Leute draußen vor dem kleinen Laden sitzen und Kaffee aus der neuen Kaffeemaschine trinken. Frau Dr. Caracciolo ist »Spigamadre« geworden, zur »Mutter des Getreides«. Brot statt Bücher, Weizenkorn statt Wissenschaft. Barbara ist glücklich und freut sich auf die Zukunft.
»Und wenn mein Papa von seiner Wolke heute auf meinen kleinen Laden schauen könnte, dann würde er sich mit mir freuen!«

spigamadre.se

WIKINGERPIZZA

In Schweden gibt es unzählige Knäckebrotrezepte. Früher hatte jede Familie ihr eigenes. Dies hier ist Barbaras Rezept.

150 g Sauerteigstarter
250 g Roggenmehl
250 g Weizenmehl
50 g Roggenvollkornmehl
etwas Roggenmehl zum Ausrollen
360 g Wasser
1–2 TL Kreuzkümmel / Kumin
100 g gemischte Körner (Sonnenblumen, Kürbiskern, Leinsamen)
2 TL Salz

Kreuzkümmel im Wasser einweichen und 10 Minuten ziehen lassen. Das »Gewürz-Wasser« zum Sauerteigstarter geben und gut verrühren. In einer anderen Schüssel die Mehle vermischen. Alle Zutaten, außer Salz, vermischen und mit der Küchenmaschine 10 Minuten lang kneten. 20 Minuten abgedeckt ruhen lassen. Der Teig soll ein bisschen klebrig sein. Nun das Salz hinzufügen und den Teig auf einer nicht bemehlten Arbeitsfläche ausgiebig von Hand kneten, und zwar mit Barbaras »Slap-and-fold«-Methode. Sobald der Teig nicht mehr an den Fingern klebt, ist er bereit für die zweite Ruhe. Er kommt zurück in die Schüssel und bleibt bei Raumtemperatur liegen, bis er sein Volumen mindestens verdoppelt hat. Das kann zwischen 1½ und 4 Stunden dauern.
Übernachtgare geht auch, dann kommt der Teig eine Nacht lang in den Kühlschrank.
Die beste Backmethode für Knäckebrot ist das Backen auf einem heißen Stein. Aber Backblech mit Backpapier tut's auch. Stein und Ofen auf 250 °C vorheizen.
Den Teig auf die saubere Arbeitsplatte stürzen. Kein Mehl! 16 gleiche Stücke abstechen und jedes zu einer Kugel formen.
Die Kugeln auf einem Backblech zwischenparken, mit einem Tuch abdecken und wieder ruhen lassen, bis die Teigkugeln sichtbar aufgegangen sind.
Nicht ungeduldig werden, das kann eine Weile dauern.
Nun kommt Mehl auf die Arbeitsplatte. Kugel für Kugel wird zu einem sehr flachen Fladen ausgerollt und während des Rollens immer wieder mit Roggenmehl bestäubt.
Am schwedischsten geht das Rollen mit der »Kruskavel«. Wer keine hat, nimmt ein normales Nudelholz und pikst mit der Gabel ein Lochmuster in jede Wikingerpizza.
Die Knäckebrote werden mit einem Holz auf den heißen Stein geschubst. Die Backzeit ist kurz, etwa 4–5 Minuten. Ich empfehle Sichtkontakt.
Das Rezept ist auch ohne Körner und Gewürze sehr lecker und bietet unzählige Variationen.

TIPP

Knäckebrot ist perfekt geeignet für eine leckere Notration im Schrank. Wenn es nicht weggeknabbert wird, hält es sich sehr, sehr lange. Am besten eingewickelt in Backpapier und dann in Blechdosen verstaut.

MIT DEM BAUCH BACKEN

Mein Freund Werner hat kein Navigationssystem im Auto.
Werner fährt intuitiv. Neulich haben wir uns in einer Stadt verabredet, in der wir beide noch nie waren. Treffpunkt Bahnhof. Von dort wollten wir Kolonne zu einem Restaurant fahren. Die Abholung verlief chaotisch. Werner samt Auto war nicht da und mein Handy war leer. Werners Telefonnummer steckte darin fest und den Namen des Restaurants hatte ich ihm gegenüber nur einmal erwähnt. Ich war sicher, dass ich Werner niemals wiederfinden würde. Zumindest so lange nicht, wie ich ihn telefonisch nicht erreichen könnte. Mir fiel nichts Besseres ein, als zu diesem Restaurant zu fahren, um dort wenigsten mein Telefon aufzuladen. Werner war schon da, denn Werner fährt mit dem Bauch.
Von mir kann ich das nicht behaupten. Ich verfahre mich ständig und stets unter dem unverschämten Grinsen meines Navis. Dafür kann ich ziemlich gut kochen. Aber nie nach Rezept. Beim Kochen bin nämlich ich intuitiv.

Und wie sieht es aus mit »intuitiven Broten«?
Ein Bäcker muss sich diese Frage nicht stellen. Seine Kunden wollen das Brot, das ihnen am Montag gut geschmeckt hat, genauso lecker am Samstag in der Tüte haben. Er braucht exakte Rezepte. Homebaker dürfen mutiger sein! Ich liebe es, mit dem Bauch zu backen.

Aber natürlich ist das auch eine Typfrage.
Der eine braucht einen festen Rahmen mit Maßeinheiten, um sich sicher zu fühlen. Der andere misst die Mehlmenge mit den Augen und die Temperatur des Wassers mit dem Fingerknöchel. Mein bester Rat? Eine Mischung aus beidem. Das gilt ganz besonders für Brotback-Novizen. So viel Intuition wie möglich, um die Freude am Sauerteig zu beflügeln, und so viel Maßeinheit wie nötig, um die Brote fluffig und lecker zu gestalten.

Ich gehöre zu denen, die es mögen, Zutaten in Cups zu messen.
Es fühlt sich für mich sinnlicher an, das Mehl mit dem Cup-Messbecher zu schöpfen, als pingelige Abwiegerei. Messen und Wiegen hat aber Vorteile und deshalb sind hier im Buch die Rezepte metrisch verfasst. Das ist internationale Bäckersprache und gilt auf der ganzen Welt. Und für jene, die die Cups so gernhaben, gibt es im Internet feine Umrechner.

TIPP
Wer nicht misst, der wiegt!
Wiegen geht am besten mit einer Digitalwaage. Sie sollte mindestens drei Kilo schaffen und eine Tara-Funktion haben. Damit kann man Zutat für Zutat hinzufügen, ohne neue Schüsseln schmutzig zu machen. Digitalwaagen kosten nicht viel und brauchen wenig Platz im Schrank, denn sie sind kaum höher als eine Scheibe Brot.

TIPP
Eine Prise Mathematik!
Mit Mathe hab ich's gar nicht, aber dieser Tipp ist die Rechnerei wert. Wir brauchen ein Thermometer, das Oberflächenwärme messen kann, und dann messen wir drei Dinge. Erst den Sauerteig, dann die Temperatur des Raumes, in dem wir den Teig herstellen. Beide Zahlen werden addiert und von 65 abgezogen. Das Ergebnis zeigt die Grad Celsius für das Wasser an, das laut Rezept hinzugefügt werden soll. Mit dieser Gleichung geht der Teig ab wie ein Silvesterknaller.

OHNE KNOW, KEIN HOW!

Am liebsten backe ich Brot mit einer Mischung aus Intuition und Rezepttreue.
Und ich liebe es, erfahrenen (Hobby-)Bäckern zuzuhören. Die Hinweise, die ich dabei aufschnappe, sind pures Bäckergold. Hier sind ein paar Tipps, die ich besonders hilfreich finde. Nur der allerletzte ist ganz allein von mir. Wer den befolgt, spart sich die Brandsalbe.

Teig geht am besten in schweren Keramikschüsseln.
Der Teig sieht darin nicht nur besonders schön aus, dickwandige Schüsseln sind auch perfekt, um nützliche Wärme zu speichern. Ein paar Minuten lang warmes Wasser in der Schüssel stehen lassen, bevor der Teig hineinkommt, trocken reiben und einölen.

Die wärmste Stelle im Raum ist oben auf dem Schrank.
Dort stehen Teigschüsseln und Gärkörbchen besonders gerne, wenn das Rezept um Raumtemperatur bittet. Warum? Weil warme Luft nach oben zieht.

Keine Kühlschrankkälte!
Was beim Kuchen gilt, bewährt sich auch beim Brot. Wenn im Rezept Eier, Butter oder Apfelmus gefragt sind, empfiehlt es sich, die Zutaten ein bis zwei Stunden lang auf Raumtemperatur zu bringen. Der Sauerteig mag nämlich keine kalten Füße.

Gärkörbchen müssen gut bemehlt sein, damit der Teig später klaglos wieder aussteigt.
Wer obendrein Leinentücher ins Körbchen legt und diese leicht mit Mehl bestäubt, erspart sich mühsames Reinigen. Der Stoff nimmt Feuchtigkeit auf und der Laib lässt sich leicht herausheben. Das überschüssige Mehl kann bequem aus dem Küchenfenster geschüttelt werden.

Wer sich am frischen Brot erfreuen will, muss auch den Abwasch machen.
Am besten mit kaltem Wasser, höchstens lauwarm. Heißes Wasser lässt das Eiweiß im Teig gelieren, und dann wird's glitschig. Ein Schuss Essig im Wasser knackt das Gluten in den Teigresten und macht es leichter, diese abzuspülen.

Duschhäubchen sind gute Assistenten.
Um den Teig beim Gehen vor dem Austrocknen zu schützen, sind Duschhäubchen genial. Natürlich erfüllt ein feuchtes Tuch über der Schüssel den gleichen Zweck, aber ich mag es, den Plastikhütchen eine zweite verantwortungsvolle Aufgabe zu geben. Oft sogar eine dritte und vierte, denn ich lasse die Häubchen trocknen und benutze sie mehrmals.

Alt gewordenes Brot und steinharte Erstversuche lassen sich zweitverwenden.
Nicht nur um Soßenpulver und Co. daraus zu machen, sondern auch als Geschmacksbooster. Bis zu zehn Prozent der Mehlmenge kann durch Altbrot ersetzt werden. Ich mahle die Krüstchen im Foodprocessor. Die Röstaromen geben dem frischen Brot dann eine ganz besondere Note.

Viele Brote mögen Wasser nach dem Backen.
Brote, die keine mehlige Oberfläche haben, bekommen einen schönen Glanz, wenn sie nach dem Backen mit Wasser bespritzt werden. Am besten mit einer Sprühflasche, sobald sie aus dem Ofen kommen. Das gilt auch für Brote, die in Formen gebacken wurden. Die stürze ich übrigens 5–10 Minuten vor Ende der Backzeit und lasse sie frei im Ofen weiterbacken. Dann ab auf den Rost zum Auskühlen und zum Duschen. Das Brot! Nicht den Bäcker / die Bäckerin.

Warum heißen heiße Töpfe heiße Töpfe?
Richtig! Weil sie richtig doll heiß sind! Wer sonst schnell mal ein Geschirrhandtuch benutzt, um eine Auflaufform aus dem Ofen zu holen, sollte beim Brot umdenken. Es ist mir ein Anliegen, dass dicke Topflappen zur Verfügung stehen, wenn mit der Topfmethode gebacken wird. Versprochen? Gut!

Noch ein Bonustipp gefällig?
Ich mache meine eigenen, extradicken (!) Topflappen aus Stoffresten, die ich in lange Streifen schneide und zu robusten Lappen zusammenhäkele.

EINE TEIGWURST EWIGKEIT!

Es erfordert Mut, dem Leben jeden Tag Vorschuss zu geben. Vertrauensvorschuss!
Vertrauen darauf, dass es der Tag gut mit uns meint und dass die Dinge, die wir anpacken, gelingen werden.
Neulich schaute ich auf eine frische Breze. Sie lag vor mir auf dem Teller und war im Begriff, mein Frühstück zu werden. Ich legte das Messer zur Seite und fuhr mit dem Finger ihre Kurven nach. Eine blond gebackene Teigwurst, geschlungen zu einem Symbol für die Ewigkeit.

Wenn ich als Kind über das Wort »Ewigkeit« nachdachte, drohte ich regelmäßig in Ohnmacht zu fallen.
Ich malte mir aus, wie alles immer weiter und weiter gehen würde wie eine nicht enden wollende Acht. Irgendwann drehte sich das Zimmer um mich herum. Ich musste dann ganz schnell an etwas anderes denken, um nicht der Länge nach auf dem Kinderzimmerboden aufzuschlagen. Ewigkeit! Das ist wirklich ein dickes Brett.Inzwischen wird mir beim Gedanken an die Ewigkeit nicht mehr schwindlig. Das mag daran liegen, dass mein Kreislauf heute stabiler ist. Ich vermute aber, es ist die zunehmende Reife, die uns mutiger auf das schauen lässt, was kommen könnte. Und uns darauf vertrauen lässt, dass am Ende alles gut wird.
Brezen sind für mich zu einem Symbol für Optimismus geworden. Und manchmal, wenn ich mutlos bin, hole ich mir eine schöne bayerische Breze und beiße mit Schwung hinein.

Ich mag Brezen übrigens auch in New York.

Aber nicht nur dort, ich mag sie auch in Vermont und auf der Fähre von New London nach Long Island. Jedes Mal, wenn ich übersetze, kaufe ich mir eine. Das Laugengebäck hält mich nämlich nicht nur zu philosophischen Betrachtungen an, es ist auch mein Lieblingssnack für den kleinen Hunger zwischendurch. Egal auf welcher Seite des Atlantik.

Die amerikanischen »pretzels« sind anders als ihre bayerischen Vorfahren. Sie knistern nicht beim Hineinbeißen und sind weniger salzig. Auf der Breze vom Münchner Viktualienmarkt kleben dicke Salzkörner, die man vor dem Essen herunterpult. So ist es Münchner Brauch.

Pretzel in Amerika sind weich und mild und schmecken am besten warm. Und immer gibt es Senf dazu. Dagegen ist nichts einzuwenden, das machen wir in Bayern auch.

Aber beim Senf, der in den USA aus Plastikbeutelchen auf die Pretzel gequetscht wird, ist geschmacklich noch Luft nach oben. Ich halte es deshalb für meine bayerische Pflicht, die Rezeptur des süßen Senfs zu verraten,

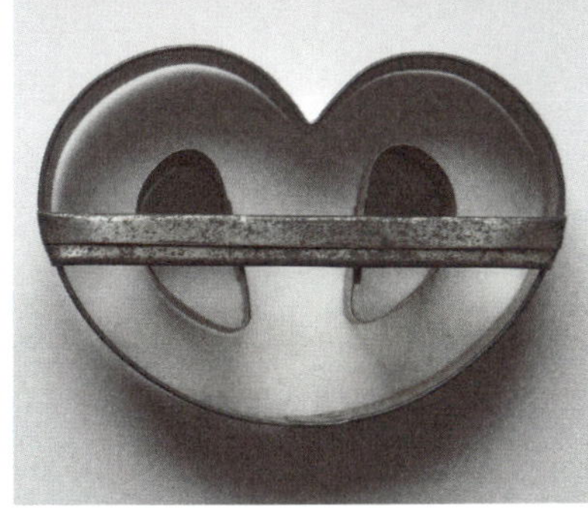

wie er im Mutterland der Breze gegessen wird. Das Rezept ist mehr als 150 Jahre alt. Es ist Johann Conrad Develey zu verdanken, einem Mann, der gerne am Herd tüftelte. 1845 erwarb er eine Senffabrik und es lag nahe, dass er fortan Senfrezepte austüftelte. Er nahm Zucker und Essig und traute sich an Zutaten heran, die noch nie zuvor im Senf zu finden waren. Fertig war der süße Senf aus München, der Johann Conrad unsterblich gemacht hat.

Hier ist das Rezept!

200 g gelbe Senfkörner
100 g brauner Zucker
50 g Honig
1 Messerspitze Nelkenpulver
1 Prise Salz
120 ml Weinessig
180 ml Wasser

Die Senfkörner werden im Foodprocessor grob vermahlen oder von Hand im Mörser zerstoßen. Das Wasser aufkochen und über das Senfpulver gießen. Umrühren und 15 Minuten stehen lassen. In einer Pfanne den Zucker karamellisieren. Alle Zutaten in eine Rührschüssel geben und sehr gut vermischen. In Gläser füllen und warten!
3 Tage lang. Vorher ist der Senf höchstens lecker, aber nach drei Tagen ist er köstlich.

BREZEN MIT HEFE UND SAUERTEIG

500 g Weizenmehl
1 Päckchen Trockenhefe
50 g Sauerteigstarter
5 g Zucker
350 g Milch, lauwarm
5 g Salz
Grobes Salz zum Bestreuen

Der Sauerteig im Rezept muss nicht frisch gefüttert sein. Er ist hier vor allem für das Aroma da, nicht um die Brezen anzutreiben. Mehl mit Hefe und Zucker vermischen. Milch, Sauerteigstarter und Salz zugeben und mit der Küchenmaschine einen geschmeidigen Teig kneten. Zudecken und 45 Minuten ruhen lassen.
Teig nochmals kurz durchkneten und zu einer Rolle von etwa 20 cm Länge rollen. In 10 Stücke teilen und jedes zu einem Strang von etwa 20 cm Länge rollen.

10 Brezen formen, auf Backpapier legen und auf einem Backblech im Ofen bei 50 °C gehen lassen bis das Volumen verdoppelt ist.

TIPP
Wenn die Arbeitsfläche nicht bemehlt ist, lassen sich Teigwürste besser rollen.

TIPP
Die Brezen werden besonders schön, wenn sie, auf Backpapierstückchen gestapelt, nach dem Aufgehen eine halbe Stunde im Tiefkühler frieren dürfen.
So überstehen sie ohne Formverlust das Bad im Brezen-Jacuzzi.

Für die Lauge
1500 ml Wasser
1 gehäufter TL Salz (10 g)
50 g Natron

Wasser in einen Kochtopf geben, Salz hinzugeben und aufkochen lassen. Topf von der Platte nehmen. Natron in mehreren Portionen in den Topf geben, dabei umrühren. Vorsicht, es schäumt! Die Lauge für etwa 10 Minuten köcheln lassen.
Die Brezen nacheinander in die Lauge geben. Aufpassen, dass es nicht spritzt. Jede Breze 30 Sekunden in der kochenden Lauge schwimmen lassen. Mit einem Schaumlöffel herausheben. Auf ein mit Backpapier ausgelegtes Blech geben und mit grobem Salz betreuen.
Bei 180–200 °C für 25–30 Minuten backen.

TIPP
Wer kein Natron im Haus hat, kann das Brezen-Jacuzzi auch mit 50 g Backpulver zubereiten.

TIPP
Es muss nicht immer grobes Salz sein. Sesam, Mohn, Kürbiskerne und Käse sind auch sehr lecker.

ES IST ALLES NUR AM ANFANG SCHWER!

Nicht mutlos werden
... wenn der Sauerteig manchmal bockig ist und uns das Internet mit Bildern grandioser Sauerteigbrote frustriert. Der beste Tipp für den Einstieg ist, einfache Rezepte ohne Schnörkel nachzubacken und mit jedem Erfolgserlebnis ein bisschen mutiger zu werden. Wer lesen lernt, fängt ja auch nicht mit Shakespeare an, oder?

Nicht mutlos werden
... wenn das erste und das zweite, manchmal sogar das dritte Sauerteigbrot platt wie ein Frühstücksbrettchen im Backofen hockt. Es wird mit jedem Mal besser. Das ist eine Prophezeiung!

Nicht mutlos werden
... wenn die ersten Sauerteigbrote an den Geschmacksnerven ruckeln. Sollte das erste Brot schmecken, als hätte es im Gewürzgurkensud gebadet, dann sind im Zusammenwirken mit dem Sauerteigstarter noch vertrauensbildende Maßnahmen nötig. Viel hilft viel, gilt hier nicht! Erst wenn das Vertrauen gewachsen ist, kann man sich beruhigt seiner Magie überlassen.

Nicht mutlos werden
... bei »Schmolle und Schwiddel«, beim »Abglänzen«, »Einschießen« und »Anschieben«. Bei »Ballengare« und »Teigschluss«. Am Anfang fühlen sich viele Rezepte an, als wären sie in einer fremden Sprache geschrieben. Hier soll auf Fachbegriffe möglichst verzichtet werden, aber ein paar Brocken Sauerteigisch müssen früher oder später sein.
Es gibt Seiten im Internet, da lässt sich das ganze Bäckerlatein nachschlagen.*

Nicht mutlos werden
... wenn sich der Anfangsfrust einstellt. Weitermachen! Das ist wie beim Google-Algorithmus. Du bestellst einen Wasserschlauch im Internet und tags darauf kriegst du Gartenstühle, Gießkannen und Poolausrüstungen angeboten. Wer sich auf ein Thema wirklich mit dem Herzen einlässt, auf den kommen wie von selbst die richtigen Links und die richtigen Bücher zu. Und die richtigen Menschen auch. Ich hab's selbst erlebt!

»Wo bist du eigentlich am liebsten?«

»Ich bin am liebsten an der Küste von Maine und zu Hause!«

»Jetzt musst du mich fragen: Vitus, wo bist du am liebsten?«

»Vitus, wo bist du am liebsten?«

»Ich bin am liebsten in einem Vollkornbrot.«

»Warum das denn?«

»Weil die Körner so schön kitzeln, wenn ich den Teig durchblubbere.«

» Soll ich dich öfter rühren?«

»Ich dachte schon, du fragst nie! «

»Kam mir immer so vor, als wenn du beim Blubbern nicht gestört werden willst.«

»Auch Sauerteige haben Bedürfnisse!«

»Ich weiß: Wärme, Mehl, Wasser, ein paar leckere Mikroorganismen ...«

»Machst du dich über mich lustig?«

»Niemals! Ich mag dich!«

»Ich mag dich auch! «

»Viiiiitus? Das sind ja ganz neue Töne!«

»Ist mir nur so rausgerutscht.«

»Wenn du durch deine Thermosröhre gucken könntest, würdest du mich jetzt lächeln sehen!«

FREUDE

SAUERTEIG ALS KLEBER FÜRS LEBEN

Kann man mit Sauerteig ein Haus renovieren? Ja!

Ein Leben umgestalten? Ja!

Alte Pfade in neue Wege verwandeln? Dreimal ja!

Ein Mann zieht eine Spur. Eine Spur in ein neues Leben. Glücklich und am liebsten barfuß. John van den Broek aus Drunen in Holland folgte dem Sauerteig und bekam eine zweite Chance. »Das möchte ich jeden Tag haben!«, rief John vor fünf Jahren in seiner Küche. Gemeint war Sauerteigbrot! John hatte einen Laib auf dem Markt in s'-Hertogenbosch gekauft und war begeistert. Er versuchte, so ein Brot zu backen und scheiterte kläglich. Die Zutaten waren gut gewählt und perfekt abgewogen. Aber mit dem Brotbacken ist es wie mit dem Leben. Auch wenn das, was wir brauchen, fein aufgereiht vor uns steht, fehlt uns manchmal der Kleber, um alles zusammenzuhalten.

John lernte nicht nur zu backen, sondern auch vom Backen. Wenn nämlich die Mischung stimmt und Zeit und Geduld dazukommen, dann entsteht etwas, das nahezu unzerreißbar ist. In der Bäckersprache heißt das Autolyse. Ein ziemlich hässliches Wort, aber ein grandioses Geschenk der Natur. Aus Mehl, Wasser und Sauerteig entsteht ein Netz aus »Klebern«, die den Teig später zu einem Laib werden lassen. Für John wurde der Sauerteig auch zum Kleber für sein Leben.

135 Millionen Paprika haben das Gewächshaus verlassen, seit John hier arbeitet.
Einer großen Anzahl davon hat John persönlich beim Wachsen und Gedeihen geholfen. Grüne Paprika, die unter seinen Händen rote Paprika wurden, denn was die wenigsten wissen: Es ist alles die gleiche Sorte, die roten dürfen nur länger reifen.
Jeden Tag rollt John an den Paprikareihen entlang. Er zupft und bindet. Mehr als 5000 Kilometer ist er bisher an den Paprikastauden hin- und hergefahren.
Er muss still stehen auf dem Wagen. Stundenlang. Reihe für Reihe. Vor und zurück.
10 Kilometer pro Woche. 35 Wochen im Jahr. Dann ist die Saison vorbei und es gibt eine Pause.
Die Paprika haben John ihren Stempel aufgedrückt. Dunkelgrün und unauslöschlich. Wie ein Tattoo, das unter seinen Fingernägeln sitzt. »Das ist immer da. Wenn ich arbeite und auch wenn ich Pause habe. Das Grün ist mit mir verwachsen und bleibt da bestimmt mein ganzes Leben«, lacht John.

Die freien Wochen im Paprikazyklus waren früher die Zeit, um zu reisen.
Oft war Afrika das Ziel. Nur dort fühlte sich das Leben für John wie richtiges Leben an.
Er ist zu diesem Zeitpunkt geschieden von seiner Frau Sjannie und lebt in einem Haus, das er nur als Aufenthaltsort für Schlafpausen zwischen der Arbeit empfindet. »Schlafen, duschen, essen!«
John schüttelt den Kopf. »In meinem Leben bewegte sich nichts mehr. Ich wollte Veränderung und wusste nicht, wie. Meine Suche war verzweifelt, aber ich hatte keine Ahnung, wonach ich suchen sollte!«

Still sitzen fällt John schwer.
Und still stehen kann er offenbar nur auf dem Rollwagen zwischen seinen Paprikareihen gut. Er will stets, dass es allen um ihn herum gut geht, und ist unablässig in Bewegung.
»John, relax!«, sagt Sjannie und sieht ihn lachend an. Es ist der Blick, mit dem man einen Welpen anschaut, der gerade eine Wurst vom Tisch geklaut hat. Liebevoll und im sicheren Wissen, dass Ermahnungen sinnlos sind, weil man der Charmeoffensive längst erlegen ist.

In einer Hinsicht ist John aber ruhiger geworden.
Seit ein Sauerteig im Kühlschrank auf den wöchentlichen Backtag wartet, ist Johns Fernweh nicht mehr so groß. Brot backen ist ihm heute oft Abenteuer genug! An den Tag, als er sein erstes gelungenes Sauerteigbrot aus dem Backofen holte, erinnert er sich genau. Es war der 1. April 2013. Ein Glückstag, der Johns Leben in vielerlei Hinsicht verändert hat.

John und Sjannie beschließen, einem neuen Denken Platz zu geben.
Sie machen eine lange Reise und auf dem Rückflug freut sich John zum ersten Mal auf zu Hause. Sie machen Pläne, das Haus umzubauen.
John wünscht sich Platz für das, was ihn mit so viel Glück erfüllt, und auch Sjannie will sich selbst mehr Raum geben. Sie hat wieder angefangen zu fotografieren und möchte ein eigenes Atelier. Das Haus bekommt einen Anbau. Unten die Backstube für John und oben das Fotostudio für Sjannie.

Der Anbau ist so lang, dass John bei jedem Schritt etwas von seinem riesigen Energievorrat abbauen kann.
Die Schritte macht er am liebsten barfuß. Auch wenn er backt! Vor allem, wenn er backt. Er sagt, er sei ohne Schuhe am kreativsten und freut sich, dass ich das verstehe, denn mir geht es genauso.
»Wenn ich Lust auf rotes Brot habe, dann experimentiere ich mit Roter Bete, oder mit Möhrensaft für Brötchen in Orange. Ich hab auch mal grünes Brot mit Spinat gemacht. Kann ich aber nicht empfehlen.« John amüsiert sich über sich selbst und die Fältchen um seine Augen hüpfen vor Freude.

»Was ich am Sauerteig liebe?«
John stellt sich selbst die Frage und grübelt ein bisschen, bevor er sich antwortet. »Ich kann Leben mit ihm erschaffen.«
Er schaut mich an und legt die Stirn in Falten. »Das klingt merkwürdig, oder? Aber ich meine eigentlich etwas ganz Simples. Mutter Natur gibt mir die Zutaten und ich erschaffe Leben damit. Wasser und Mehl und Zeit und dann wird etwas Lebendiges daraus, das mich glücklich macht.«

Es müssen große Kräfte sein, die im Sauerteig wirken.
Etwas Unerforschtes, Großes. Ich nenne es »Freudendingsbums«. Es haust zwischen Essig- und Milchsäurebakterien und treibt dort sein Wesen. Ein Unwesen kann es ja nicht sein, denn das »Freudendingsbums« macht die Menschen froh. Ich werde mit Vitus darüber reden. Er sollte über das »Freudendingsbums« Bescheid wissen.
Erst einmal wird Vitus aber in Johns Backstube zu tun kriegen. John hat natürlich auch einen eigenen Sauerteig. Der, der in seinem Kühlschrank wohnt, ist der, mit dem er auch erstes Brot gebacken hat. Seit Jahren wird er gut gepflegt und immer wieder gefüttert. Für John ist er wie ein Haustier.

Ein wirklich grandioser Hobbyraum ist das, was sich John und Sjannie an ihr Haus angebaut haben.
Hier gibt es inzwischen Workshops über das Backen mit Sauerteig. Kleine Gruppen, immer ausgebucht. Hier soll auch das Brot entstehen, in dem Vitus die Muskeln spielen lassen darf. Gebacken wird mit Kamut, ein Urweizen, der besonders kräftig schmeckt. Mein absolutes Lieblingsgetreide.
John macht gleich zehn kleine Laibe, denn er verpackt und verschenkt sie so gern.
An dem langen Tisch in seiner Backstube sind unzählige Rezepte entstanden. Handgeschrieben.
Auf fliegenden Zetteln, deren Ordnung nur John versteht.
Und er hat sich einen professionellen Ofen geleistet. Einen, der deutlich mehr Brote schafft als das Normalmodell, das die meisten von uns in der Küche haben. Johns Backofen hat keine große Scheibe, sondern nur ein kleines Guckloch. Immer wenn er Brote in den Ofen schiebt, stellt er einen Timer auf zehn Minuten. »The moment of dancing« nennt er diese Zeit, in der er sich zwingt, seine Brote bei 250 °C tanzen zu lassen, bevor er nachschauen darf, wie sie sich aufgeplustert haben.

Vitus hat alles gegeben, um Johns Kamutbroten Schwung zu verleihen.

Und das, was von ihm noch im Glas ist, hat Hunger. Wir müssen ihn fit machen für die nächste Reiseetappe, sonst wird er sauer. Es gibt einen kräftigen Schluck holländisches Leitungswasser für ihn und eine Portion Bio-Weizen aus einer echten holländischen Windmühle. Eine Mühle, die 1662 gegründet wurde. Dort holt John alle seine Mehle. Bei Bart, dem Müller seines Vertrauens. »Ohne gutes Mehl gibt es kein gutes Brot«, sagt John. »Und auch keinen starken Sauerteigstarter, das können Vitus und ich bestätigen.«

Leben und Raum lassen!

Das haben sich John und Sjannie für die Zukunft vorgenommen. Sie haben wieder geheiratet. Zwei Menschen, die unterschiedlicher nicht sein könnten. Er läuft am liebsten barfuß und sie liebt Schuhe so sehr, dass sie besondere Exemplare an die Wand hängt, um sie so oft wie möglich anzuschauen.

»Grow the way you like«, schreibt John in Vitus' »Reisepass«. Wachsen und selbst bestimmen, wohin wir uns ausstrecken wollen – ein großartiger Rat.

Nicht nur für Sauerteige!

johnzbakery.nl

KAMUTBROT AUS HOLLAND

Vorteig:
60 g Kamutvollkornmehl
160 g Kamutmehl
240 g Wasser
60 g Sauerteigstarter
Vermischen, nicht kneten und 8–10 Stunden bei Raumtemperatur ruhen lassen.

Zum Vorteig hinzufügen:
250 g Weizenmehl
80 g Sauerteigstarter
10 g Meersalz
70 g Wasser

Alles zusammen in der Küchenmaschine 10–12 Minuten kneten. Wenn der Teig schön glänzend zusammenhält, wird die Schüssel mit einem feuchten Tuch oder Deckel verschlossen und es folgen 2 Stunden Ruhe.
Danach den Teig zu zwei kleinen oder einem großen Laib rund formen, mit der Naht nach unten in ein Gärkörbchen legen oder – so wie John – dem Teig mit einem Tuch Halt geben.

Letzte Gärstufe: 2,5–3 Stunden je nach Raumtemperatur. Gebacken wird am besten auf einem heißen Stein mit Dampf. Im vorgeheizten Ofen, bei 240 °C 10 Minuten backen, danach Temperatur drosseln auf 220 °C und 15–20 Minuten weiterbacken. Die Backzeit gilt für zwei kleine Brote, bei einem großen Laib entsprechend länger. Das Brot ist fertig, wenn es die Klopfprobe besteht.

SPICKZETTEL UND WASSERDAMPF

Eine Zettelsammlung anzulegen, wie die von John, ist ein wirklich guter Rat.
Keine Rezeptsammlung! Eine Zettelsammlung, wie John sie meint, ist total analog. Auf analogem Papier geschrieben, voll mit total analogen Gedanken. Ich mache es oft so, dass ich Rezepte ausdrucke, die ich im Internet finde. Oder ich kopiere sie aus Büchern, und während ich backe, schreibe ich meine Erfahrungen dazu.
Kürzere Backzeit, Kamut statt Dinkel, weniger Wasser, weil es sonst so klebt ... und so weiter. Aber auch Memos nach dem Backen wie: »Thomas ist verrückt danach« oder »funktioniert auch mit Linsenmehl« oder »besonders geeignet zum Soße tunken«!
Ich bin übrigens auch ein Einkleber. Ich nehme einfache Kladden und hübsche sie mit Tapetenresten auf. So entstehen meine eigenen, höchstpersönlichen Zettelbackbücher. Ich mag sie besonders gern mit Mehlstaub und Butterflecken. Total analog eben!

Brote, die sich im Backofen aufplustern sollen, brauchen Feuchtigkeit von außen.
Bei manchen Rezepten ist Wasserdampf in den ersten Backminuten wichtig, bei anderen soll sich der Dampf gleichmäßig während des ganzen Backvorgangs verteilen.
Die wenigsten haben einen Ofen wie John, der den Innenraum automatisch bedampft. Deshalb müssen wir schauen, wie wir auf andere Weise Schwaden auf Brot und Brötchen kriegen.

Eine mit Wasser gefüllte Schale zum Bedampfen ist die einfachste Methode.
Einfach im Ofen mitbacken lassen. Fertig! Dampf! Besser gesagt Dämpflein!

Sprühflaschen verhelfen auch zu Dämpflein.
Flasche mit Wasser füllen (gut, wenn vorher kein Putzmittel drin war!) und auf die Wände des heißen Backofens oder direkt aufs Brot sprühen. Und warum heißt der heiße Dampf heißer Dampf? Genau! Also Vorsicht!

Wenn's ein bisschen mehr Dampf sein soll, hilft Zeolithgestein.
Zeolith ist ein Vulkanstein, der hohe Temperaturen aus der Natur gewohnt ist. Dass er obendrein viel Wasser speichern kann, macht ihn zu einem sehr brauchbaren Helfer. Zeolith mit grober Körnung plus Wasser in eine flache, feuerfeste Form geben und schon während des Aufheizens in den Backofen stellen. Ein Teil Gestein mit zwei Teilen Wasser. Brot wie gewohnt backen! Wenn Schluss sein soll mit Dampf, die Schale einfach abdecken. Zeolith gibt es dort, wo es Aquarien gibt, und im Internet.

Die Schraubenmethode mag ich besonders, weil sie so schön zischt.
Geht schnell und wirkt fantastisch. Man braucht eine Metallschale und Schrauben! Schrauben? Schrauben! Nägel gehen auch. Gut ist auch alles aus Edelstahl. Nägel und Co. sollten übrigens unbehandelt sein. Bei mir müssen sie vor dem ersten Job immer eine Runde durch die Spülmaschine.
Außerdem eine Plastikspritze aus der Apotheke mit mindestens 50 ml Fassungsvermögen und destilliertes Wasser. Gilt nur für die, die Kalkablagerungen an den Backofenwänden fürchten. Ich bin da sorglos und nehme normales Wasser.
Metallschale und Inhalt werden im Backofen auf 250 °C aufgeheizt. Das Brot in den heißen Ofen schieben, Spritze mit Wasser füllen und auf das Metall sprühen. Ofenklappe schnell schließen. Den Vorgang nach Bedarf bzw. Rezept wiederholen. Und warum eine Spritze? Richtig! Weil der Strahl aus der Spritze erlaubt, Abstand zu halten, wenn Wasser auf heißes Metall trifft.
Bitte vorsichtig sein. Versprochen? Gut!

Der einfachste Tipp von allen ist die Schwadenglocke.
Alles, was wir brauchen, ist ein passender Kochtopf, und wenn möglich, ein Backstein. Den Ofen samt Backstein auf 250 °C aufheizen, Brot einschieben und den Topf wie eine Käseglocke darüberstülpen. Nach 20 Minuten die Glocke entfernen und fertig backen.

WELPENKISTE FÜR JUNGE SAUERTEIGE

Nur wenige werden an ihr Haus eine ganze Backstube anhängen können.
John ist wirklich zu beneiden. Sein Hobbybäcker-Freilaufgehege birgt unendliche Möglichkeiten: Dampfbackofen, Regale für die übersichtliche Anordnung von vielerlei Zutaten und Wärmeschrank für die Teiggare. Bei mir zu Hause finden die Backtage auf sehr viel engerem Raum statt.

Wenn ich am Samstag Brote backe, muss ich erst den Backofen frei räumen.
Dort wohnen nämlich montags bis freitags allerlei Formen und ein Schmortopf. Platz ist auf meiner Arbeitsplatte nur für die KitchenAid, meinen Foodprocessor und die Getreidemühle. Für Letztere musste der Smoothiemaker in den Schrank. Ich verbürge mich jedoch dafür, dass Sauerteigzüchten und Brotbacken auch in kleinen Küchen machbar sind. Wir müssen nur die guten Ideen von der Kette lassen.

Junge Sauerteige brauchen Zuwendung und vor allem Wärme.
26–28 °C sind optimal. Backöfen erreichen diese Temperatur, wenn das Licht innen brennt. Ich will aber meinen Backofen nicht tagelang beleuchten, um ihn zum Brutkasten für Sauerteigstarter zu machen. Außerdem wüsste ich nicht, wo ich währenddessen Schmortopf und Co. unterbringen sollte.

Es gibt auch professionelle Gärboxen. Die haben Zeituhren und Thermostate und ansonsten stehen sie nutzlos herum, wenn sie nicht gebraucht werden. Meine Gärboxen sind selbst gebaut. Auch Vitus ist darin groß geworden.

Mein Sohn nennt meine Gärboxen »Welpenkisten«.

Ich habe eine runde und eine eckige. Anfangs habe ich improvisiert: Kissen rein, Wärmflasche, Sauerteig, zweites Kissen drauf, Deckel zu! Bis meine Freundin Simone kam und sagte: »Das geht auch schicker!« Simone näht nämlich hauptberuflich Quilts.

Zwei Tassen Kaffee später war die Idee für schick gepolsterte »Welpenkisten« geboren. Die Arbeitsanleitung hat Simone übrigens auf ihre Website gestellt. Ist sie nicht ein Schatz?*

Das Innenleben der Kisten ist nur locker mit Klettverschlüssen eingesetzt. Das hat gute Gründe: Wenn ich nämlich gerade keine Sauerteigwelpen großziehe, kommt die Polsterung in den Schrank und die Boxen können sich als Illustriertensammelstelle oder Nähkasten nützlich machen. Und sollten die jungen Sauerteige mal übermütig aus dem Glas blubbern, ist die Polsterung ruckzuck raus und frisch gewaschen.

Und wie kommt die Wärme in die Welpenkisten?

Ganz einfach! Für die runde Box hat Simone Taschen genäht, in denen Kirschkernbeutel stecken. Die Beutel werden in Mikrowelle oder Backofen erhitzt und halten die Wärme dann lange fest.

In der anderen Kiste liegt eine Wärmflasche und weiches Vlies an den Seiten sorgt dafür, dass die Temperatur lange erhalten bleibt.

Die Welpenkisten eignen sich natürlich nicht nur zur Aufzucht. Sie können auch die Schüsselgare unterstützen. Besonders im Winter, wenn die Raumtemperatur kaum 28 °C erreicht.

SCHWIMMFLÜGELHEFE

Hab ich schon erzählt, dass auch mein erstes Sauerteigbrot ein Fiasko war?
Es sah aus wie der Deckel eines Kochtopfs. Nur ohne Griff oben drauf, aber genau so flach.
Ich hatte meinem jungen Sauerteigstarter gleich eine Arbeit aufgebrummt, die unmöglich zu schaffen war. Er sollte aus dem Stand ein frei geschobenes Brot aufplustern. Der damals noch namenlose Vitus war damit total überfordert.
Beim nächsten Versuch habe ich ihm unter die Arme gegriffen. Ich schmuggelte ein winziges Stück Hefe in den Hauptteig. Nur so viel, dass mein Vitus nicht beleidigt war, und genug, um die Brote zu liften. Der Erfolg machte uns beide stolz.

Bei mir heißt dieses kleine Quantum Hefe seitdem »Schwimmflügelhefe«.
Warum? Weil Schwimmflügel Auftrieb und Sicherheit zugleich geben. Viele Sauerteigrezepte arbeiten mit etwas Hefe. Selbst Schwester Columba hat bei ihrem Klosterbrotrezept nicht allein auf göttlichen Beistand und die Kraft des Sauerteigs vertraut.

In manchen Rezepten hier im Buch steht auch etwas Hefe drin.
Das ist immer als ein »Kann« gedacht, nie als ein »Muss«.
Es ist völlig in Ordnung, wenn Sauerteigneulinge ihren Starter am Anfang unterstützen. Stück für Stück macht jedes Brot uns mutiger und irgendwann können wir die Luft aus den Schwimmflügeln ganz herauslassen.

LIEBESBRIEFE GIBT'S MANCHMAL GRATIS DAZU

Alte Kochbücher sind ein Schatz. Es kann sich lohnen, die Küchenschränke von Tanten und Großmüttern einer genauen Inspektion zu unterziehen. Die alten, gedruckten Exemplare sind oft schon allein wegen der Titelbilder wunderbar, auf denen glückselig lächelnde Hausfrauen am Herd zu sehen sind.

Ganz besonders schön sind aber handgeschriebene Exemplare. Es macht Spaß, die alten Schriften zu entziffern, und oft stößt man auf erstaunliche Randnotizen.

Ich habe sogar schon mal einen Liebesbrief gefunden. Eingeklemmt zwischen Rezepten für Schweinskopfsülze und Huhn in Aspik. Bei mir lösen solche Funde stets ein feines Kopfkino aus. Ich finde alte Kochbücher auf Flohmärkten in Bayern und Thrift Shops in USA.

TIPP

Wenn vorne Kochbuch draufsteht, ist meist ein Backbuch mit drin. Rezepte für Brot und Kuchen waren früher ein Teil der Kochbücher.

Und noch etwas ist gut zu wissen, wenn man in alte Kochbücher schaut. Zu Zeiten unserer Großmütter galt Hefe als besonders schick. Sauerteig war aus der Mode gekommen, weil er als kompliziert und zeitaufwendig galt. Viele alte Rezepte benutzen deshalb Hefe als Backtriebmittel. In den meisten Anleitungen kann die Hefe aber durch Sauerteig ersetzt werden. Als Faustregel gilt: Ein Würfel frische Hefe oder zwei Tütchen Trockenhefe werden durch 200–250 g aktiven Sauerteig ersetzt und die Flüssigkeitsmenge aus dem Heferezept wird reduziert. Ein bisschen Fingerspitzengefühl gehört dazu, ist aber alles keine Hexerei.

Und nicht vergessen: Sauerteige werden anders geführt als Hefeteige. Stichwort: Gut falten ist besser als platt kneten!

»Wie fühlen sich Füße an?«

»Wie bitte?«

»Ich wüsste so gern, wie es ist, laufen zu können.«

»Kannst du doch, du kannst sogar überlaufen.«

»Stimmt! Das war sehr lustig, als ich mir die Sauerei in deiner Küche ausgedacht habe.«

»Ich erinnere mich gut ...«

»Wenn ich es mir recht überlege, kann ich sogar gehen.«

»Was?«

»Du sagst doch immer: ›Ein Sauerteigstarter geht am besten bei 28 Grad!‹«

»Ach, Vitus! Kannst du dir so lahme Kalauer bitte beim nächsten Besuch verkneifen?«

»Mal sehen! Wenn die Essigsäure mit mir durchgeht, bin ich immer besonders lustig.«

»Sei so gut und benimm dich! Wir backen mit Kindern!«

»Okay!«

»Einfach okay?«

»Ja, okay! Kinder mag ich!«

GLÜCK

MUTTERSPRACHE LIEBE

**Anil und Lais haben ein Fotoalbum.
Jedes Kind hat ein eigenes.**

**Es sind Bilder ihrer Mütter darin.
Jedes Kind hat eine eigene.
Im Album!**

**Die Gutenachtküsse gibt ihnen
ihre wahre Mutter.
Die haben sie gemeinsam.**

Jeder kennt diese Momente, an denen man zur genau richtigen Zeit am genau richtigen Ort ist. Sie sind selten, aber wenn sie geschehen, dann passieren außergewöhnliche Dinge.

Ich hatte gerade den Sauerteig entdeckt und war elektrisiert. Der Backofen zu Hause wurde gar nicht mehr kalt, so sehr faszinierte es mich, aus Mehl, Wasser und Geduld etwas herzustellen, das herrliche Brote entstehen ließ.

Ich erzählte meiner Freundin Susanne von meiner Begeisterung und meinem Vorhaben, mein neues Buch über Sauerteig zu schreiben. Susanne brachte mich mit Stefan Cappelle zusammen. Einer von Europas Top-Fachleuten in Sachen Sauerteig. Er wurde zu meinem wichtigsten Ratgeber bei den Recherchen, er öffnete die geheimnisvolle Sourdough Library in St. Vith für mich und brachte mich mit »Dr. Sauerteig«, Karl De Smedt, zusammen. Stefan will den Sauerteig wieder so populär machen, wie er es einst war, und dafür reist er rund um die Welt.

»Möchtest du ein Foto von meinen Kindern sehen?« Wir hatten stundenlang über Vollkornmehl, Gärkörbchen und Stückgare geredet und machten eine Kaffeepause.

Was für eine Frage? Ich wollte unbedingt Stefans Kinder sehen. Er hatte oft von ihnen erzählt. Über Anil, seinen Sohn, der Menschen gern zum Lachen bringt und an Aufgaben so lange herumtüftelt, bis sie gelöst sind, und über Lais, seine Tochter, die gerade ein großes Fest zu ihrer Kommunion gefeiert hatte und dann ganz plötzlich sehr krank wurde.

Er hielt mir sein Handy hin und ich sah funkelnde Augen, dunkel wie Zartbitterschokolade, in Lais' tiefbraunem Gesicht. Augen, die mitlachen wenn die Mundwinkel nach oben gehen. Und Anil, selbstbewusst mit cooler Brille. Dunkle Haut wie seine Schwester und auf dem Foto ebenso gut gelaunt.

Ich hatte blonde, flämische Kinder erwartet und in meinem Gesicht war die Verwirrung offenbar zu lesen. Wenn Stefan über seine Frau erzählte , dann fiel der Name Katrijn und ich hatte mir immer eine freundliche, hellhäutige Belgierin vorgestellt. »Wir haben unsere Kinder als Babys adoptiert«, sagte Stefan und erzählte mir die ganze Geschichte.

Frauen, die in Sri Lanka ungewollt schwanger werden, sind oft in großer Not.
Um die Familienehre vor Schaden zu bewahren, müssen sie sich verstecken. Einige Klöster bieten diesen Frauen Schutz. In einem dieser Klöster sind Anil und drei Jahre später Lais zur Welt gekommen.
In zwei Fotoalben ist alles dokumentiert. Sogar Katrijns Eltern waren mit nach Sri Lanka gereist, um Oma und Opa zu werden, und Oma Maria begleitete das Geschehen von Belgien mit SMS und Gebeten. Es steckt viel Liebe in den Alben. Nicht nur in der Art, wie Katrijn sie für ihre Kinder gestaltet hat. Fotos von den leiblichen Müttern sind auch darin. Sie tragen ihre Babys im Arm. Die Bilder belegen die Tage, bevor sie ihre Kinder in andere Hände gaben. Es sind schöne Fotos. Fotos von Frauen, die ihre Entscheidung in Würde getroffen haben.
Die leiblichen Mütter haben die Eltern für ihre Kinder selbst ausgesucht. Anils Mutter war unverheiratet, als der Junge geboren wurde. Sie hat Stefan und Katrijn erzählt, was den Sohn einer alleinstehenden Frau in Sri Lanka erwartet. Er würde nicht zur Schule gehen können, sondern arbeiten müssen, damit beide überleben könnten. Lais' leibliche Eltern gehören unterschiedlichen Kasten an. Die Gesellschaft ächtet solche Verbindungen und die Kinder, die daraus entstehen. Lais' Mutter hat noch lange nach der Adoption regelmäßig angerufen, um zu hören, wie es ihrer Tochter geht. Eines Tages hörten die Anrufe abrupt auf.

Anil und Lais haben mir Bilder gemalt, als ich zum Frühstück komme.
Mama-Papa-Kinder-Bilder. Sie sind glückliche belgische Kinder. Sie gehen in eine kleine Schule in einem kleinen flämischen Ort. Beide haben die Vornamen behalten, die ihre leiblichen Mütter ausgesucht haben. Lais hat sogar zwei Vornamen: Rangana und Lais. Ihre Eltern haben den kürzeren Namen zum Rufnamen gemacht. Dass ihre Hautfarbe eine andere ist als die von Stefan und Katrijn, war bisher kein Thema. Nur einmal hat Anil gesagt – es war Sonnencremewetter im Sommer – er wäre gern heller. Da haben ihm seine blassblonden Eltern geantwortet, sie wären ganz gern ein paar Töne dunkler; und dann haben alle gelacht und der Fall war erledigt.

Hinter dem Wohnhaus steht ein gemauertes Gartenhäuschen.
Ein Steinofen steht darin und eine Mühle für das Mehl. Im Ofen wird Brot gebacken und Pizza und manchmal Kuchen. Alles mit Sauerteig, das ist Ehrensache. Rechts vom Gartenhaus wohnen die Hühner. Die bekommen das, was beim Mehlmahlen übrig bleibt, und dafür legen sie die Eier für den Kuchen.
Heute wird mit Papa gebacken. Und mit Vitus. Den Kindern hat gefallen, was ich über Vitus' Reisen erzählte, und sie kicherten, als ich ihnen verriet, dass ich mit ihm rede, wenn wir zusammen Auto fahren. Anil grinste und zwinkerte mir zu, aber Lais hat die Geschichte ein bisschen geglaubt. Sie ist ja auch erst sieben.
Die beiden backen häufig mit ihrem Vater und immer ist Sauerteig dabei, aber noch nie ein Sauerteig, der sprechen kann.

Und noch etwas ist ungewöhnlich: Heute wird belgisch-singhalesisch gebacken.
Auf der ganzen Welt wird Brot gegessen. Als flache Fladen und in dicken Scheiben. Knusprig oder weich und fluffig, würzig oder süß. Heute liegen Belgien und Sri Lanka ganz nah nebeneinander auf dem Backbrett und nicht Tausende Kilometer voneinander entfernt.
Es wird Papadams geben. Knusprige, hauchdünne Fladen. In der indischen und singhalesichen Küche gibt es sie zu jedem Essen. Klassisch bestehen sie aus Linsenmehl, aber heute werden sie aus belgischem Weizenmehl gemacht.
Papadams werden in heißem Öl ausgebacken. Das passt auch wunderbar, denn Belgien ist berühmt für seine frittierten Leckereien. Und wenn die Fladen später knusprig aus dem Öl kommen, werden wir sie mit Meersalz von der belgischen Küste und Curry aus Sri Lanka bestreuen.
Dazu wird es belgisches Zuckerbrot geben, »Craquelin«. Halb Brot, halb Kuchen, mit eingebackenen Zuckerperlen, die bei jedem Biss herrlich zwischen den Zähnen knacken. Der Teig wird verfeinert mit aromatischen Teeblättern. Ceylontee, der nicht nur Nationalgetränk ist, sondern auch ein Stück der Seele von Sri Lanka.

Das Zuckerbrot schmeckt nicht nur köstlich, es soll auch köstlich aussehen.

Und weil es immer so schnell aufgegessen wird, werden gleich ein paar auf Vorrat gemacht. Lais dekoriert sie alle. Mit Zuckerperlen. Sie arbeitet gewissenhaft und gedankenversunken und eine Zuckerperle verschwindet in ihrem Mund. Lais schaut sofort auf und sagt ihrem Vater Bescheid. Lais hat Diabetes! Alles, was sie isst, muss notiert und bilanziert werden.

Die Angst um sie war schrecklich nach der Diagnose. Sie hatte einen Kindergeburtstag besucht und war dort sehr durstig. Sie trank Limonade, viel mehr als üblich. Auf dem Nachhauseweg schwankte sie. Ein Arzt im Krankenhaus erkannte die Gefahr: Diabetes Typ 1!

Bei Kindern kommt das ganz plötzlich. Die schnelle Diagnose rettete wahrscheinlich Lais' Leben. Und noch etwas hat ihr Leben gerettet: Der magische Moment von »zur richtigen Zeit am richtigen Ort«, damals, als ihre leibliche Mutter sie in die Arme von Katrijn legte. In Sri Lanka wäre die Erkrankung wahrscheinlich nicht rechtzeitig entdeckt worden, und wenn, dann wären die Medikamente unerschwinglich, die sie nun ein Leben lang brauchen wird. Tag und Nacht müssen ihre Blutwerte kontrolliert und muss ihre Nahrung daran angepasst werden. Ein Chip in ihrem Oberarm macht die Werte mit einem Scanner lesbar, und jeden Tag sind mehrere Spritzen nötig.

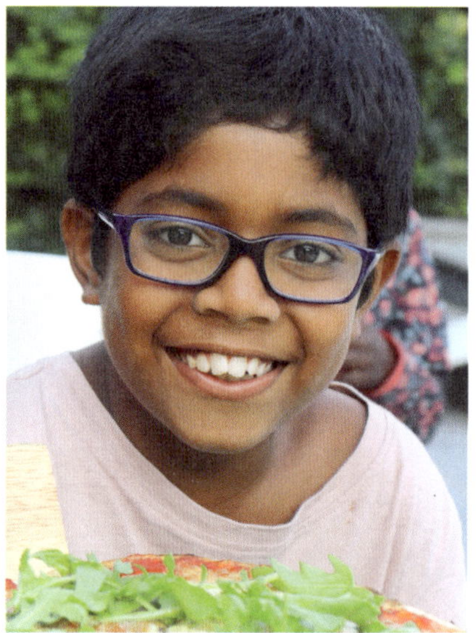

Lais' leibliche Mutter hätte keine besseren Eltern für ihr Mädchen auswählen können.
Am Tag, als Lais ins Krankenhaus kam, brach Lais' leibliche Mutter ihr Schweigen. Es schien, als habe sie die Gefahr gespürt. Sie schrieb an Stefans Handy: »Wie geht es Rangana?«.
Für Katrijn und Stefan waren es schlimme Stunden, bis die Ärzte Entwarnung gaben und Stefan schreiben konnte: »Es geht ihr gut!«

Stefan Cappelle ist ein Mann, der beim Backen keinen Löffel braucht.
Er greift mit der Hand in den Starter und leitet ihn um in die Schüssel.
»Du darfst keine Angst haben, dir die Finger schmutzig zu machen«, lacht er und sein Sohn geht die Sache genauso robust an.
Die Papadams werden heute mit Sauerteig gemacht. Das ist ungewöhnlich, aber wir backen ja auch belgisch-singhalesisch. Alles wird mit der Hand gemacht. Papadams sind ja ganz einfache Brotfladen, die üblicherweise in Gegenden gebacken werden, in denen Küchenmaschinen selten sind. »Nicht zu lange«, sagt Stefan, »wenn der Teig zu stark geknetet wird, werden die Fladen später nicht knusprig.«

Diesem Mann macht in Sachen Sauerteig und Brotbacken keiner etwas vor.
Dabei ist er gar kein gelernter Bäcker, aber er war schon früh vom Fermentieren fasziniert.
Als er in Anils Alter war, schaute er zu, wenn zu Hause gebraut und gebacken wurde. »Heute nenn ich mich am liebsten Sauerteigbrauer und Brotliebhaber«, sagt er.
Und wenn ich Vater und Sohn beim Backen beobachte, kann ich sehen, wie die Begeisterung gerade in der nächsten Generation ankommt. Sogar den Steinbackofen hat Stefan Cappelle selbst gebaut. Ein Glanzstück, pur wie guter Sauerteig. Aus wenigen natürlichen Zutaten gemacht: Sand, Kalk, Ziegel und Erdreich, das er aus dem eigenen Garten gebuddelt hat. Die Anleitung gab's vom »Museum for old Techniques« in Grimbergen in Belgien.* Vier Monate Bauzeit waren nötig, dann haben die Cappelles das erste Steinofenbrot gebacken.

Er hat Foodenginiering in Gent studiert.
Gleich die erste Arbeit nach der Uni brachte ihn dorthin, wo er von klein auf sein wollte, zum Sauerteig.
Stefan Cappelle war mein wunderbares Nachschlagewerk für dieses Buch, mein Sauerteig-Google. Keine Frage, die er nicht beantworten konnte. Aber noch mehr als sein enormes Wissen hat mich seine Leidenschaft für den Sauerteig beeindruckt.
Die Hefe hat den Sauerteig aus den Bäckereien verdrängt. Zu schwierig, zu unberechenbar, zu zeitaufwendig, haben viele Bäcker gesagt.
»In großen Bäckereien kann der Bäcker nicht neben dem Sauerteig sitzen und sich überraschen lassen, wann der Teig fertig aufgegangen ist. Trotzdem muss es doch möglich sein, auch in großen Mengen gutes Sauerteigbrot zu backen«, sagt Stefan.

Es passt gut, dass unser belgisch-singhalesischer Papadam-Teig gerade eine Pause braucht.
Er ruht auf der Tischplatte. Anil erkundet derweil die Polaroidkamera, mit der ich Vitus am Ende jeder Reise fotografiere, Lais will die Hühner füttern und Stefan erzählt mir von seiner Mission. Stefan will den Sauerteig zurück in jede Backstube bringen. »Der Sauerteig ist dabei, wieder fancy zu werden«, lacht Stefan und freut sich, weil er weiß, dass sein Anteil daran groß ist.
Er leitet eine eigene Abteilung für Sauerteig bei Puratos. Eine belgische Firma, die sich in aller Stille zu einem höchst erfolgreichen Global Player entwickelt hat. Puratos stellt alles her, was Bäcker und Konditoren weltweit zum Backen brauchen, sogar leckere belgische Schokolade. Die Sourdough Library, in der das kostbare Sauerteigwissen der ganzen Welt in Kühlfächern ruht, gehört auch zu Puratos. Und das wunderschöne »Maison du Levain« in St. Vith auch. »Das Sauerteighaus« ist ein Gebäude, in dem alles über die Geschichte der Brotherstellung zu bestaunen ist. Im Werk in Groot Bijgaaden bei Brüssel wird an Sauerteigen getüftelt, die auch bei sehr großen Teigmengen möglich machen, gutes, gesundes Brot herzustellen. »Und selbst wenn wir unsere Sauerteigstarter in riesigen Kanistern verschicken, er hat trotzdem Seele. Sauerteig ist kein lebloses Produkt, das man einfach aus dem Regal zieht«, sagt Stefan Cappelle und seine Augen blitzen vor Begeisterung.

Die Papadams sind fertig frittiert und die Craquelins backen im Steinofen.
Nun muss noch der Vitus für seine nächste Reise fit gemacht werden, bevor wir unser Multi-Kulti-Backwerk probieren. Vitus wird mit einer Mischung aus belgischem Weizen- und Gerstenmehl gefüttert. Frisch gemahlen und abgerundet mit einem Tässchen Tee aus Sri Lanka. Nie zuvor hat Vitus feiner gerochen.

Die Kinder haben Hunger.
Lais will vom Zuckerbrot essen wie wir alle. Eine kleine Waage begleitet ihre Mahlzeiten. Bei jedem Essen wird gewogen und berechnet, wann die nächste Injektion fällig ist. Lais weint nicht mehr dabei. Ihre Eltern haben ihr geholfen, die Spritzen als das anzunehmen, was sie sind: ein neuer Bestandteil ihres Lebens.

Endlich wird das Zuckerbrot aufgeschnitten.
Innen ist es noch warm. Es hat viele kleine dunkle Tupfen. Teetupfen, die eingebettet im süßen Teig neben den weißen Zuckerperlen liegen. Für mich gibt es kein schöneres Bild für diese wunderbare Familie. Anil ist jetzt zehn Jahre alt. Seine Eltern haben ihm versprochen, dass alle gemeinsam nach Sri Lanka fahren, wenn er zwölf ist. Bis dahin werden die Kinder neben flämisch und französisch auch ein bisschen englisch sprechen. Und wenn sie erwachsen sind, dann werden sie sich auf der ganzen Welt verständigen können, denn ihre Muttersprache wird überall verstanden. Ihre Muttersprache ist Liebe.

THE
SOURDOUGH

CRAQUELIN MIT ZUCKERPERLEN AUS BELGIEN UND TEE AUS SRI LANKA

500 g Weizenmehl
8 g Salz
60 g Zucker
80 g Sauerteigstarter
15 g Hefe optional
2 Eier
150 g Wasser

240 g Zuckerperlen, ersatzweise Cranberrys oder Rosinen
125 g Butter
5 g Ceylon-Tee
1 Ei zum Bepinseln
50 g Butter für die Zuckerperlen

Alle Zutaten bis auf Zuckerperlen, Butter und Tee mit der Küchenmaschine kneten, bis eine schöne gleichmäßige Masse entstanden ist. Die Butter in Stückchen dazugeben und so lange kneten, bis sie geschmeidig in den Teig eingearbeitet ist.
Eine Kugel aus dem Teig formen und mit einem Tuch bedeckt auf der Tischplatte ruhen lassen.
Nach einer Stunde 3 Stücke à 120 g vom Teig abstechen, zu Kugeln formen, zur Seite legen und wieder mit dem Tuch abdecken. Den restlichen Teig zurück in die Schüssel der Küchenmaschine geben.
50 g Butter schmelzen, die Zuckerperlen in eine Schüssel geben und die Butter darübergießen. Gut vermischen. So bleiben die Perlen beim Backen schön crunchy. Die gebutterten Zuckerperlen und den losen Tee zum Teig geben. Kneten, bis alles gut verbunden ist.
Auch diesen Teig in 3 Teile teilen und jedes Teil zu einer Kugel formen.
Die Teigkugeln ohne Zuckerperlen rund ausrollen, sodass ein »Teigteller« entsteht, der die Zuckerteigkugeln ganz umfassen kann. Teigkugeln in die Teigteller hüllen und auf der Unterseite festdrücken.
Jede Kugel mit der Verschlussseite nach unten in eine gebutterte runde Form legen und ruhen lassen. Das kann bis zu 4 Stunden dauern.
Vor dem Backen mit verquirltem Ei einpinseln und 10 Minuten trocknen lassen.
Mit einer scharfen Klinge einen Kreis einschneiden und den Spalt mit Zuckerperlen füllen.
35–40 Minuten bei 180 °C backen.

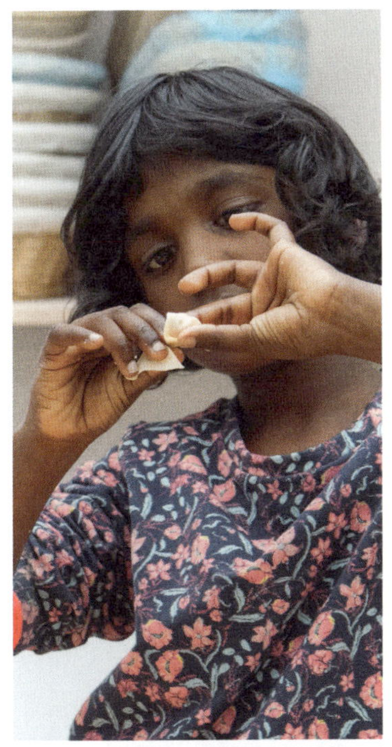

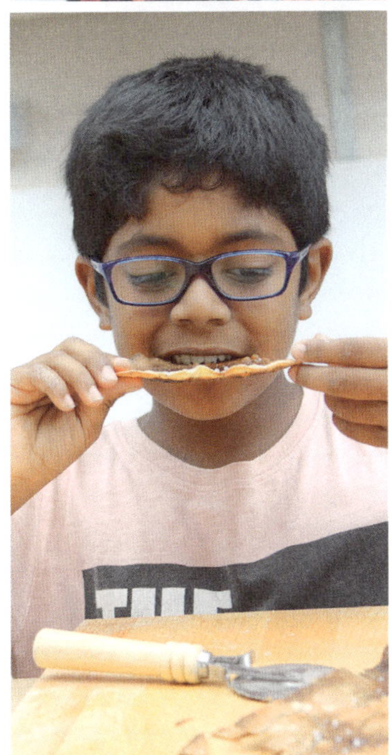

BELGISCHE PAPADAMS

500 g Weizenmehl
100 g Sauerteigstarter
200 g Wasser
10 g Salz
25 g Olivenöl
Olivenöl zum Ausrollen und Öl zum Frittieren.

Alle Zutaten mit der Hand mischen, bis die Zutaten verbunden sind.
Eine Kugel formen und zugedeckt auf dem Tisch ruhen lassen.
Den Teig in Stücke von je 50 g teilen und jedes Stück zu einem Ball formen.
Die Arbeitsfläche und ein Nudelholz großzügig mit Öl bestreichen und jeden Ball auf einem »Ölteppich« papierdünn ausrollen.
Die Papadams auf einem großen Leinentuch oder Geschirrtüchern zum Trocknen auslegen. Das Trocknen ist wichtig, damit die belgisch-singhalesischen Fladen beim Ausbacken schöne knusprige Blasen bekommen.
In einer Pfanne Öl erhitzen und die Fladen entweder am Stück oder in Streifen geschnitten nach und nach frittieren.
Eine Grillzange ist praktisch, um die Papadams zu wenden. Jede Seite brutzelt ungefähr 10 Sekunden, währenddessen sich wunderschöne Blasen bilden, je mehr, desto leckerer.
Nicht zu lange frittieren, dann schmecken die Papadams bitter.
Auf Küchenpapier abtropfen lassen und noch heiß mit Salz und Curry oder anderen Gewürzen bestreuen.
Papadams schmecken pur oder mit Dips, aber am besten frisch.

FUTTER FÜR DIE SEELE

… und dann ist wieder einer dieser Tage, an denen dir das weltweite Netz schon vor dem ersten Kaffee an den Nerven sägt. In deinem E-Mail-Postfach lauern Newsletters, die dir mitteilen wollen, wie überwältigend wunderbar du bist, und Facebook gibt dir Happiness-Befehle, sobald du deinen Account öffnest. Meist in Schreibschrift auf pastellfarbenem Grund oder auf Wellen oder Welpen.
Ich soll mich über das Superfood in meinem Müsli freuen, über alle herrlichen Menschen in meinem Leben und über meine Katze. Gute Sprüche können ein Segen sein, aber ich bestimme gern selbst, ob und wann und vor allem wer oder was mich glücklich macht.

Früher, wenn ich mich mies fühlte, reichte mir ein Riegel Schokolade. Das richtete mich im Nu wieder auf. Aber wer Schokolade kennt, der weiß, dass die Dosis stets erhöht werden muss.
Eine ganze Weile ließen sich meine Nerven auch sehr erfolgreich mit Handtaschen entkräuseln. Handtaschen sind kalorienärmer als Schokolade und man kann sie in XXL kaufen, ohne sich schlecht zu fühlen. Irgendwann reichen aber auch Handtaschen als Happymacher nicht mehr aus, selbst wenn es ein Kofferset gratis dazu gäbe.

Neuerdings backe ich Cracker! Warum Cracker? Weil sie schnell die Seele streicheln. Das Backen lenkt von krausen Gedanken ab und zack riecht die Küche erst nach frischem Sauerteig und dann nach frischer Kruste.
Für die Cracker gibt es ein Grundrezept, aber daran muss man sich nicht besonders genau halten. Es ist vor allem das intuitive Backen, das der Seele guttut. Ich kann kneten und rollen und ein bisschen überschüssige Kreativität von der Kette lassen. Für den Teig nehme ich einen der Sauerteigstarter, die in meinem Kühlschrank wohnen. Der Starter darf ruhig kalt sein, denn er soll die Cracker ja nur aromatisieren, nicht in die Höhe treiben. Jede Sorte Mehl funktioniert. Sogar eine Cuvée aus verschiedenen Mehlresten.

Hier ist das Rezept:
100 g Mehl
100 g Vollkornmehl
3 EL Olivenöl
½ TL Salz
150 g Sauerteigstarter
80 g warmes Wasser
Fleur de Sel

Den Sauerteigstarter mit dem warmen Wasser mischen und 5 Minuten stehen lassen. In der Zwischenzeit alle anderen Zutaten in die Rührschüssel der Küchenmaschine geben, Starter dazu und langsam zu einem glatten Teig kneten. Je nach Mehlsorte muss eventuell etwas warmes Wasser dazu. Den Teig abdecken und 30 Minuten ruhen lassen. In der Zeit Cappuccino trinken, je nach Tageszeit geht auch ein Glas Rotwein. Den Backofen auf 200 °C vorheizen. Backpapier mit Mehl bestreuen, den Teig darauflegen und mit der Teigrolle dünn auswalzen. Eine Gabel nehmen und die Teigplatte in kleinen Abständen einpiksen.
Ich backe die Platte am Stück und breche sie später auseinander. Man kann den ausgerollten Teig aber auch vor dem Backen in Quadrate teilen. Am besten mit einem Pizzaschneider. Einpinseln mit Olivenöl und mit Fleur de Sel bestreuen. 20 Minuten backen.

Und jetzt kommt die allerbeste Happymacherstelle. Während die Cracker bräunen, einen Stuhl vor den Backofen stellen, die Augen schließen und den Duft aus dem Backofen tief einatmen. Die Cracker kann man wie Kekse am besten in Blechdosen aufbewahren. Meistens werden sie aber sofort weggeknabbert.

TIPP
Der Teig lässt sich mit geriebenem Parmesankäse und Kräutern grandios verfeinern.
Mit Hummus oder Kräuterquark werden die Cracker zu einer tollen Zwischenmahlzeit.

GLÜCK IST…

… wenn sich der Brotteig im Gärkorb rekelt und seinen gewölbten Bauch zufrieden in die Höhe reckt.
Wenn er sich mit elegantem Schwung aufs Blech oder in den heißen Topf befördern lässt und des Bäckers Herz voller Vorfreude auf den fertigen Laib viele kleine Endorphinchen durch die Adern pumpt.

Aber was ist, wenn der Teig nicht rauswill aus dem Körbchen?
Wenn er zur Seite plumpst und die ganze Schönheit plötzlich voller Dellen ist? Das müssen wir uns zum Glück nicht ausmalen, denn es gibt die Papierstreifen-Lupf-Methode, um faulen Laiben auf die Sprünge zu helfen.
Dazu schneidet man einen Streifen Backpapier so zurecht, dass er die Breite des Gärkörbchen hat und lang genug ist, um an den Stirnseiten jeweils 20 Zentimeter hinauszuragen. Dazu ein Brett, das groß genug ist, um das Gärkörbchen bequem abzudecken.
Wenn der Teig die richtige Gare im Körbchen erreicht hat, wird der Papierstreifen so auf Körbchen und Laib gelegt, dass das Papier links und rechts weit übersteht.
Obendrauf das Brett setzen und stürzen.
Der Teig plumpst auf das Brett und kann bequem am Papier mit der Schokoladenseite nach oben in den Topf oder aufs Blech gehoben werden. Zack! Glück!
Ich hätte noch ein Glückshelferlein:

GLÜCK IST…

… wenn das Brot, schön wie ein Gemälde, auf dem Rost auskühlt und den Raum mit seinem würzigen Duft parfümiert.
Wenn die Kruste knistert und die Butter es kaum erwarten kann, auf der ersten Scheibe des warmen Laibes zu zerfließen.
Und wenn du das Brot dann bis zum nächsten Tag vergisst, weil der Tag so voll war und dir am Abend die Augen zugefallen sind!
Das müssen wir uns zum Glück nicht vorstellen, denn ein gutes Brot kann wieder flott gemacht werden, selbst wenn es Tag und Nacht unverpackt in der Küche lag.
Wie? Mit der Brotsauna.
Dazu braucht man einen Teller und einen Topf. Der Teller und das hart gewordene Brot müssen in den Topf hineinpassen. Den Topfboden mit Wasser bedecken, Teller und Brot in den Topf stellen. Das Brot soll nicht mit dem Wasser in Berührung kommen. Den Topf auf die Kochplatte stellen und das Wasser zum Simmern bringen, bis es dampft. Deckel drauf und das Brot schwitzen lassen. Nach 10 Minuten das Brot herausnehmen.
Nun ist es kein Härtefall mehr!

ALS DAS GLÜCK NOCH GEBACKEN WERDEN KONNTE

Es war einmal eine Zeit, als eine Scheibe Brot ein Geschenk war. Es war die Zeit, als Glück noch ins Brot hineingebacken werden konnte und als das Wünschen noch geholfen hat.
So mancher Rat findet sich in alten Büchern. Rituale, die das Glück ins Haus holen und helfen sollen, Unglück zu vermeiden. Wer weiß? Vielleicht wirkt manches ja heute noch?

Am Weihnachtstag kann Brot wundertätig werden. Es soll für eine Weile auf die Schwelle der Eingangstür gelegt werden. Fortan lässt es ein ganzes Jahr lang nichts Böses ins Haus dringen.

Schwangere sollen ein Stück Brot unter ihr Kissen legen. Wenn dies während der letzten Tage vor der Niederkunft geschieht, so ist ihnen eine sanfte und glückliche Geburt gewiss.

Über neugeborenen Babys soll Brot gebrochen werden. Die Kinder werden sich dann prächtig entwickeln.

Kindern, die nicht mit dem Sprechen beginnen wollen, kann mit Brot geholfen werden. Man nehme ein Stück Brot, breche es und spreche: »Liebes Brot brich und liebes Kind sprich!« Die Erfolgsquote ist nicht überliefert.

Glück und Brot waren also untrennbar verbunden. Aber ebenso unentrinnbar trat das Gegenteil ein, wenn mit Brot respektlos umgegangen wurde. Es folgten Schaden für Haus und Hof und für Leib und Seele. Unglück kam unweigerlich ins Haus, wenn Mehl rückwärts hinausgetragen oder ein Laib Brot auf dem Rücken abgelegt wurde. Und in Gegenwart eines Brotes zu fluchen zog himmlisches Donnerwetter nach sich.

Brotfrevel war eine anerkannte Sünde. Wer sich dessen schuldig machte, hatte mit großer Wahrscheinlichkeit mit Schwierigkeiten zu rechnen.
Eine Burg in der Eifel traf es diesbezüglich besonders hart. Der Sage nach ließen die Ritter der Stolzenburg vom Dorfbäcker extrahartes Brot backen, um damit Kegelspiele zu veranstalten.

Während sich die Ritter amüsierten, hungerte die Bevölkerung. Das göttliche Strafgericht ließ nicht lange auf sich warten.
Es folgte ein Unwetter, bei dem weite Teile der Burg mit Mann und Maus im Erdboden versanken. Die Ruinen sind bis heute zu besichtigen.

Alles Aberglaube?
Mag sein, aber für mich steckt eine tiefe Weisheit darin: Brot ist keine Selbstverständlichkeit. Es verdient unseren Respekt!

GLÜCK IST NICHT NUR GUT FÜR PILZE

... auch der Mensch strebt nach Glück.
Aber es wird immer schwerer, dieses Gefühl spürbar zu machen. Auf der ganzen Welt wird es verzweifelt gesucht!
Beim Trommeln, Fasten und in veganen Kochkursen. In Singlebörsen, mit zuckerfreier Ernährung und beim Bäumeumarmen. Tai-Chi, Qigong, Feng-Shui und Kombucha.
Täglich werden uns neue Glücklichmacher präsentiert und die passenden Utensilien gleich dazu: Yogamatten, Pillen und Wellnessbekleidung, Botox und Pilgerfahrten.
Und so kaufen und selbstoptimieren wir, bis uns die Puste ausgeht.

Wäre es nicht wunderbar, wenn Glück überall erhältlich wäre?
Erschwinglich, an jedem Ort, in jedem Land? Wenn wir eine Tüte voll Glück bequem überallhin mitnehmen könnten?

Mein Glück hat viele Namen:
Hefezopf, Semmel, Breze, Knäckebrot, Baguette, Focaccia, Bagel und Pumpernickel. Süß oder salzig, selbst gebacken oder beim Bäcker um die Ecke gekauft.

Das Band zwischen Mensch und Brot ist ein starkes Band.
Spätestens wenn wir auf Reisen Heimweh nach unserem Frühstücksbrötchen bekommen, spüren wir, dass uns unser Herzschlag mit dem Brot verbindet. Mutters Pausenbrot mit Extrakäse, die »Schnittchen« vor dem Fernseher, ein Stück Hefezopf, in Kakao getunkt, Vollkornbrot mit Honig zum Frühstück. So fühlt sich Zuhause an.

Brot ist Glück! In Scheiben und am Stück!

GLÜCK LÄSST SICH IN SCHEIBEN SCHNEIDEN

Es gibt Tage, die sich anfühlen wie normale Tage.
Anfang, Mittelteil, Schluss! Erst später merkst du, das war nicht nur ein normaler Tag.
Das war ein Stück vom Sinn des Lebens. Ein Tag mit Momenten, die das Zeug hatten, deine Seele zu weiten.
Die besonderen Augenblicke sind nicht laut. Sie zeigen nicht mit dem Finger auf sich selbst, aber wir tun gut daran, sie zu sehen, um sie für immer in uns leuchten zu lassen.

»Wollen wir frühstücken, Mama?«
Er zieht die Schuhe aus und hängt seine Jacke an den Haken im Flur. Er reckt die Nase in die Luft, schnuppert und grinst mich an.

»Wollen wir frühstücken, Mama?«
Es war doch erst gestern, als Bob der Baumeister sein Held war, und nun überragt er mich um fast 30 Zentimenter. 30 Zentimeter sind viel, wenn du weißt, dass er gerade noch Pokemon-Karten gesammelt und auf seine erste Angel gespart hat.
Die ersten Partys wurden gefeiert, bei denen es spät wurde. Mit der Zeit folgten Partys, bei denen es noch später wurde.
Häufig war ich wach, wenn er nach Hause kam. Ihn nicht mehr beschützen zu können fiel mir schwer. Ich bin gern wach geblieben, bis er sicher daheim war. »Tee?«, fragte ich dann. Mir schien Tee in solchen Nächten passend. Oft setzten wir uns für ein paar Minuten an den Küchentisch und tranken heißen Tee.

Irgendwann in dieser Zeit entdeckte ich das Brotbacken.
Am liebsten am Wochenende und mit all den Garen und Ruhezeiten während des Tages war abends genau die richtige Zeit, um die Laibe aus den Körbchen in den Backofen zu schubsen. Danach ruhten sie als fertige Brote auf dem Rost und verströmten ihre betörenden Aromen.
Ein nächtlicher Duft, der das ganze Haus durchdrang.
Das war das Brotparfum, das mein Sohn erschnupperte, wenn er heimkam. Er atmete es tief ein und holte die Butter aus dem Kühlschrank.

»Wollen wir frühstücken, Mama?«
Ein sehr frühes Frühstück, aber für mich die beste Zeit, die es gibt dafür. Oft war das Brot noch ein bisschen warm. Das ist gut, denn das lässt die Butter über die Scheiben fließen. Dazu gab

es Quittengelee und Tee. »Ich will das später mit meinen Kindern auch so machen«, hat mein Sohn neulich gesagt. »Tee kochen kann ich schon, und Brot backen lerne ich noch!«

Das Leben ist klug.
Es schenkt uns diese Augenblicke, die uns mit Glück fluten. Mein Sohn und ich können das Glück sogar riechen. Glück, das sich in Scheiben schneiden lässt.

»Die Kinder waren sehr nett.«

»Ich weiß, ich mag sie auch sehr.«

»Wirklich sehr, sehr nette Kinder.«

»Was ist los mit dir, Vitus? Du bist so sentimental.«

»Ich hätte auch gern Kinder.«

»Niedliche, kleine Sauerteige und Sauerteiginnen?«

»Du bist respektlos.«

»Nein, ich bin lustig.«

»Willst du wissen, wie wir Sauerteige Kinder kriegen?«

»Ich bin nicht sicher, ob ich das wissen will.«

»Wir Sauerteige vermehren uns durch Triebkraft.«

»Könntest du mir Details ersparen?«

»Danke! Du weißt wirklich, wie man ein gutes Gespräch abwürgt.«

»Wir sind gleich da. Sei lieb und zeig dich von deiner besten Seite. Vitus?«

KLUGHEIT

GUT IST IMMER JETZT

Jeden Tag schöne Dinge sehen können ...

und nicht aufhören, sich daran zu erfreuen.

Das ist Klugheit des Herzens.

»Wenn ich nicht mehr so viel arbeite, dann backe ich dir jeden Tag ein Brot.«
Ein großes Versprechen!
Eine der erfolgreichsten deutschsprachigen Journalistinnen hat es ihrem Mann gegeben. Als wir uns in ihrem Büro treffen, erzählt sie davon.
Bisher haben Deadlines und Auflagenzahlen ihr Leben bestimmt. Die Laufmeter roter Teppich, die hinter ihr liegen, sind unzählbar. Die *Bunte*, Europas größtes People-Magazin, ist ihr Kind. 20 Jahre Chefredakteurin, dann Herausgeberin. Zeit gab es für sie nie.

Nun hat sie alle Ämter abgegeben und sortiert ihr Leben neu .
»Ich will ihm Brot backen, das so richtig nach Brot riecht!«
»Sauerteigbrot riecht sehr brotig!«
»Er mag so gern Brot, das innen weich ist und außen eine richtige Kruste hat.«
»Die Beschreibung passt auf Sauerteigbrot.«
»Die Kruste muss aber auch schmecken, nicht nur krachen!«
»Genau! Sauerteigbrot eben!«
»Gut, dann mache ich morgen Sauerteigbrot. Wo kriegt man den Sauerteig?«
»Am besten selber machen.«
»Gut, dann mache ich den selbst!«

Patricia Riekel, die Königin des People-Journalismus, hat Popikonen und Könige interviewt und Magazine aus Auflagenlöchern in ungeahnte Höhen gehoben.
Doch nie zuvor hatte sie ein Brot mit Sauerteig gebacken. Sauerteig war für sie eine Backzutat, die in schwabbeligen Tüten in Bioläden verkauft wird.
Aber sie ist gewohnt, Dinge furchtlos anzupacken. Erst recht, wenn sie weiß, dass der Beginn etwas ruckelig werden könnte.
Eine Patricia Riekel liefert ab, was sie sich vorgenommen hat, und darum machte ich völlig unbesorgt einen Termin mit ihr aus. Einen Termin für einen Backtag mit Sauerteig!

Ich war sehr gespannt, als ich zu ihr an den Starnberger See fuhr. Ihr Mann war mein Lehrer auf der Journalistenschule gewesen. Helmut Markwort, ein berühmter Mann. Ich hörte ihm gerne zu, weil seine Sprache so schön ist, und bei ihr bewunderte ich den grandiosen Aufstieg.
Immer wieder waren wir uns kurz begegnet. Ich mochte ihre Natürlichkeit.
»Sie ist schwierig«, sagten andere. »Himmelherrje, jemand der will, dass alle ihn liebhaben, kann keine erfolgreichen Magazine machen«, sagte ich.
Eines Tages erzählte mir ein sehr entrüsteter Kollege, dass ein Rundbrief durch die Redaktion der *Bunten* geschickt worden war, in dem sie befahl, einseitig beschriebenes Papier nicht mehr zu entsorgen, sondern auf der freien Seite als Notizpapier zu nutzen. Von da an hatte sie endgültig mein Herz gewonnen.

Der Weg von München über Land an den Starnberger See ist bereits ein Geschenk.
Ich bin immer wieder überrascht, wie nah die Berge sind. Bauernhäuser links und rechts. Bei vielen würde ich gern mal einen Blick ins Innere werfen.
Wir sind für 14 Uhr verabredet. Die Zeit reicht noch für einen Abstecher in eine Mühle, weil ich doch so gerne Mehl rieche und weil ich zum Backen eine schöne, alte Getreidesorte mitnehmen will. Einkorn, Emmer oder Kamut vielleicht. Das Rezept, das wir geplant haben, ist auf Weizen aufgebaut, aber Mehl aus einer alten Weizensorte wäre sicher noch schöner.
Ich finde sogar eine echte Rarität: Purpurweizen, und einen Müller, der sein Wissen gern weitergibt. Er erzählt mir, dass Purpurweizen nussig schmeckt, voller Proteine steckt und wegen der violetten Schale des Korns ein rosafarbenes Mehl ergibt. Ich nehme zweimal ein Kilo.

»Mein Haus ist leicht zu erkennen«, hatte Patricia Riekel gesagt. »Es sieht aus wie die Häuser in Neuengland«. Die Beschreibung trifft es genau. Die Haustür steht offen. »Einfach reinkommen!«, ruft es von innen. Die Türen zur Terrasse stehen auch auf. Ein bisschen Durchzug tut gut an diesem heißen Tag. Die Holzdielen auf dem Boden sind weiß gestrichen, der See liegt direkt vor den Fenstern. Ich fühle mich an den Strand des Long Island Sound versetzt, an dem ich jeden Sommer ein paar Wochen verbringen darf.
Die Hausherrin trägt Baumwollkleid und Turnschuhe und lacht uns entgegen.
Ich hatte sie gefragt, ob ich einen Visagisten für die Fotoaufnahmen mitbringen solle. Das ist nicht ungewöhnlich, viele fühlen sich sicherer, wenn ein Profi sich um Make-up und Frisur kümmert. »Quatsch!«, hatte sie gesagt.
Ich bin überwältigt von der Aussicht auf den See. »Es muss ein absoluter Traum sein, hier zu schreiben«, sage ich.
»Genau deshalb habe ich meinen Schreibtisch in ein anderes Zimmer geräumt. Wenn ich rausgucke, kann ich beim Schreiben nämlich nicht nach innen gucken.« Ein kluger Satz. So habe ich das noch nie gesehen, aber es leuchtet mir sofort ein.

»Ich hab den ganzen restlichen Tag für unser Sauerteigbrot reserviert«, sagt sie. »Wollen wir schnell einen Rundgang vor dem Backen machen?« Das muss man mir nicht zweimal sagen.
Vitus wird in der Zwischenzeit sicher nicht aus dem Glas blubbern. Er sitzt ja wohltemperiert in seiner Thermosröhre.

In diesem Haus ist nichts von der Stange.

Viel Weiß. Hamptonsweiß! Die Badezimmer, ein Mädchentraum, die Decke im Schlafzimmer voller Wolken, die ein Freund ihr dort hingemalt hat. Der schmale Raum zur Terrasse ist mit Sitzmöbeln bestückt, die in der Lieblingsfarbe samtig bezogen wurden. Türkisgrün wie Meerjungfrauenaugen. »Auf die Dauer färbt die Umgebung deine Seele!«, sagt sie, weil es sie freut, dass ich so schön finde, was ich sehe. Dem Farbmuster dieses Hauses zufolge wohnt hier eine freundliche, helle Seele.

Die Küche ist zum Wohnzimmer und zum Esszimmer offen.

Es gibt Tassen genug, um eine Schulklasse mit Tee zu versorgen, und die Stühle am Esstisch würden reichen, dass dabei auch noch alle sitzen könnten. Patricia Riekel ist Sauerteig-Novizin. »Was habe ich hier falsch gemacht?«, fragt sie und öffnet eine Plastikdose. Ihr allererster Versuch eines Sauerteigstarters schwimmt darin. Er trägt ein türkisfarbenes Schimmelmützchen. Immerhin Lieblingsfarbe, denke ich, aber nicht zu retten.

Manchmal reicht aber ein kleiner Tipp, um ein großes Problem zu lösen.

Dosen sind nämlich ungeeignet, um Starter anzusetzen. Gläser sind besser, weil kleine Öffnungen weniger Einfallstor für Schimmelsporen bieten.
Patricia Riekels zweiter Sauerteigstarter sah gut aus. Er blubberte sanft, aber er blubberte. Sie hatte sich durchgefragt. Recherchieren liegt ihr ja im Blut. Aber das erste Brot war auch noch nicht hitverdächtig. »Der erste Teig war nur so ein klumpiges Zeug. Obwohl ich alles nach Rezept gemacht habe. Ich hab dann einen Freund angerufen, der richtig gut Brot backen kann. War aber keine große Hilfe. Männer bauen so einen Teig ja wie ein Auto zusammen!« Sie lacht und löffelt den verunglückten Erstversuch ihres Sauerteigstarters in die Biotonne.

»Sauerteig ist ein Wunder für mich.
Wasser und Mehl … und dann lebt das auf einmal. Das ist fast unheimlich!«
Wir stellen alles auf, was wir zum Backen brauchen. Die Idee mit dem Purpurweizen gefällt und Vitus darf endlich aus der Röhre. Patricia Riekel schreibt mit, was sie an Neuem aufschnappt, fragt viel und manchmal gluckst sie vor Freude. »Ich finde Sauerteig richtig sinnlich. Da ist Leben drin. Mich macht das ganz ehrfürchtig.«
Sie knetet und faltet noch zaghaft, aber intuitiv richtig und sie freut sich am säuerlichen Duft des Teiges.
Als Vitus ins Gärkörbchen kommt, um den Purpurweizen-Sauerteig aufzuplustern, wollen wir uns in die meerjungfrauenaugenfarbenen Polster setzen und reden. Nein, vorher wollen wir noch an den See. Es sind nur wenige Schritte.

Sauerteiggespräche könnten zu meinen Lieblingsgesprächen werden.
Der Teig nimmt sich Zeit, um zu gehen, und die Menschen, die ihn machen, nehmen sich Zeit zu reden. Eine angenehme Ruhe legt sich über das Gespräch.
Ein kleines Stück Ufer vom See gehört ihr allein. Ein hüfthohes Gartentörchen trennt Kiesstrand und Holzsteg vom schmalen Fußweg davor.
Der Starnberger See! Schicksalssee von König Ludwig II. Der See sei ihr Kraftort, sagt sie. Im Wasser schaukelt ein riesiger, aufgeblasener Schwan, das Wappentier des Märchenkönigs. Patricia Riekel hat es geschafft. In beruflicher Hinsicht beispiellos, aber sie hat auch geschafft, sich Humor zu bewahren und Freude.

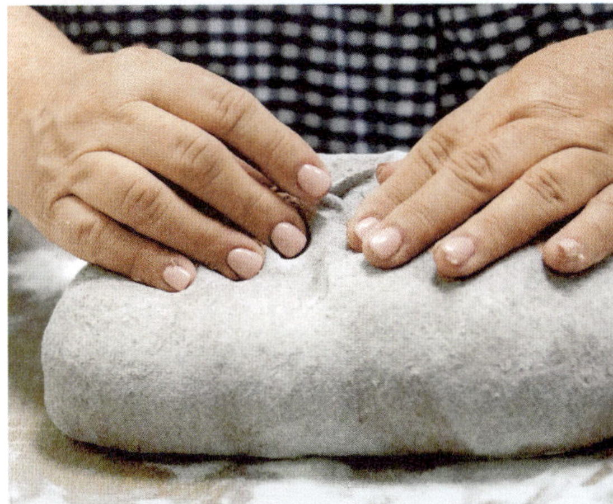

»Für ein Butterbrot gehe ich weit!

Das macht mir viel mehr Freude als ein Drei-Sterne-Essen. Für meinen Mann ist ein Leben ohne Brot sowieso nicht denkbar.«

Der Teig im Gärkörbchen entwickelt sich wunderbar. Eine halbe Stunde hat Vitus noch Zeit, das Purpurweizenbrot auf Touren zu bringen.

»Für mich ist eine Scheibe Brot mit Frischkäse eine Delikatesse. Manchmal denke ich, es wäre schön, ein bisschen schlanker zu sein. Aber die Frage, ob fünf Kilo zu viel auf der Hüfte, stelle ich mir nicht mehr. Brot macht mich von innen schön und dann strahlt das nach außen aus!«

Der Teig kommt in den heißen Topf.

Der Purpurweizen hat ihm die rosige Farbe eines Marzipanschweinchens verliehen. 250 °C machen im Backofen ein Brot daraus und währenddessen wird Vitus gefüttert. Mit Purpurweizen und Wasser mit Honig. »Mit dir zu arbeiten ist die Entdeckung der Langsamkeit. Jede Handreichung hat plötzlich Bedeutung«, schreibt Patricia Riekel in Vitus' Reisetagebuch. «Ich hoffe, du wirst überall so geschätzt wie hier am Starnberger See!«

PURPURWEIZENBROT

600 g Purpurweizenmehl oder Weizenmehl
250 g Dinkelvollkornmehl
100 g Roggenvollkornmehl
½ TL Zucker
10 g frische Hefe
110 g Sauerteigstarter
550 g warmes Wasser
1 EL Honig
20 g weiche Butter
15 g Salz

In zwei Schälchen jeweils etwa 100 g von dem warmen Wasser abfüllen. In der einen Schale die Hefe mit dem Zucker auflösen, in der anderen den Honig.
Alle anderen Zutaten bis auf das Salz in die Schüssel einer Rührmaschine geben, dann die Honigwassermischung und die aufgelöste Hefe dazu und alles auf der langsamsten Stufe 4–5 Minuten kneten.
Dann das Salz dazugeben, die Geschwindigkeit der Küchenmaschine auf die nächste Stufe erhöhen und weitere 8–10 Minuten kneten.
Den Teig in der Schüssel zugedeckt gehen lassen. Insgesamt soll er 90 Minuten ruhen, allerdings mit Unterbrechungen zum Dehnen und Falten. Das erste Mal nach 30 Minuten und dann nach 60 Minuten.

Nach 90 Minuten den Teig auf der bemehlten Arbeitsfläche oval formen und mit dem Schluss nach unten in ein Gärkörbchen legen. Zudecken und 60 Minuten gehen lassen.
Gebacken wird mit der Topfmethode. Backofen und Topf auf 250 °C aufheizen, Deckel zur Seite legen und den Laib aus dem Gärkörbchen in den heißen Topf gleiten lassen.
Bei diesem Rezept bleibt das Brot 45 Minuten bei gleichbleibenden 250 °C und geschlossenem Topf im Ofen. Auf einem Rost auskühlen lassen.

KLUG UND SALZIG!

Salz ist ein Blubber-Entschleuniger.
Sauerteige legen Wert auf Pünktlichkeit. Ich auch, aber nicht sonntagmorgens. Aber außer einem hungrigen Katzenbaby kann kaum etwas so vorwurfsvoll blicken wie ein Sauerteig, der aus der Übernachtgare befreit werden will.
Neuerdings hilft mir ein Teelöffel Salz beim Ausschlafen. Klug eingesetzt wird damit der Gärprozess im Sauerteig verlangsamt. In den meisten Rezepten wird Salz zum Schluss hinzugefügt, damit die Gärung nicht frühzeitig ins Stocken gerät. Es geht aber auch anders herum: Um dem Sauerteig Tempo zu nehmen, kommt das Salz gleich zu Anfang in den Teig, dann kann dieser länger liegen bleiben und man selbst auch.

Salz ist ein Topfkosmetikum.
Alle lieben die Topfmethode und jeder wundert sich, dass das gebackene Brot aus dem Topf hüpft, ohne dass vorher auch nur ein Tröpfchen Öl verwendet wurde. Sollte das Brot mal nicht hüpfen, dann liegt es daran, dass der Topf nicht heiß genug war, oder an der übertriebenen Pflege des Bräters. Die Fettlöser in Spülmitteln »zerreißen« nämlich den unsichtbaren Film, der wie eine natürliche Antihaftbeschichtung wirkt. Gusseiserne Bräter brauchen nichts anderes als Salz und Öl. Einfaches Tafelsalz mit Olivenöl und einem weichen Lappen in den Topf »einmassieren«. Die Salz-Öl-Mischung entfernen und mit einem feuchten Tuch durchwischen.
Für richtige Härtefälle empfehle ich grobes Salz und Muskelkraft! Aber der Aufwand lohnt sich, denn damit kann man sogar sehr ramponierte Cast-Iron-Töpfe und Pfannen aus Thrift Shops und Flohmärkten zu neuem Leben erwecken.

Salz ist ein Handschmeichler.
Wer Brot backen will, darf keine Angst haben, sich die Hände schmutzig zu machen.
Aber es ist gut zu wissen, wie man sie wieder sauber kriegt. Wie wär's mit einer Paste, die nicht nur sauber, sondern auch schön macht? Grobes Salz ist nämlich nicht nur gut für die Töpfe, sondern auch für die Hände. Und zusammen mit einer Portion Spülmittel wird »Homebaker's Lieblingshandwaschpaste« daraus. Wie? Grobes Salz in ein Glas geben und mit so viel Spüli auffüllen, bis alles Salz bedeckt ist. Fertig! Die Paste hält sich monatelang. Am besten auf Vorrat herstellen, dann sind Teigfinger jederzeit wieder sauber. Auch als Geschenk eine feine Sache!

BROTVEREDLER

Ich mag einfache Brotrezepte. Sie sind eine feine Grundlage für eigene Brotkreationen. Sobald uns nämlich ein Sauerteigstarter zur Seite steht, dem wir vertrauen, können wir uns durch jedes Rezept kneten, ohne nervös zu werden. Und dann ist die Zeit reif, ein bisschen zu experimentieren.

Flüssige Butter nehmen, wenn im Rezept Öl angegeben wird. Das lockt neue Aromen hervor. Ein paar gehackte Walnüsse dazu und fertig ist ein köstlicher Eigenbau.

Cashewkerne und **ein Hauch Safran** sind wunderbar. Sie geben dem Brot einen feinherben Geschmack, eine schöne Farbe und knackigen Biss.

Cranberrys und **Apfelmus** sind auch grandios. Sie verleihen dem Teig diesen winzigen Hauch Süße, der wunderbar zum Sauerteigaroma passt. Beim Einsatz von Apfelmus mit dem Wasser im Rezept sparsam sein.

Kräuter sind immer gut. Rosmarin, getrocknet oder frisch, gibt dem Brot eine mediterrane Note. **Petersilie** in Öl kross gebraten und dem Brotteig hinzugefügt, ist köstlich, weil das Rösten in der Pfanne die Aromen der Petersilie anfeuert. **Getrocknetes Bohnenkraut, Schnittlauch, Oregano ...** alles herrliche, natürliche Brotveredler.

Auch **Säfte** sind wunderbar im Brotteig. Am besten frisch aus dem Entsafter. Gekaufte Säfte sind okay, wenn sie naturrein und ohne Zuckerzusatz sind. Das Wasser im Rezept wird entweder komplett durch den Saft ersetzt oder damit gemischt. **Möhrensaft** ist toll, **Rote-Bete-Saft** gibt Aroma und Farbe und **Apfel- oder Birnensaft** unterstützt durch die Süße sogar die Arbeit des Sauerteigs. Aber nie, niemals Sauerkrautsaft versuchen! Versprochen? Gut!

Mein allerliebster Brotveredler wird üblicherweise auf Hot Dogs gestreut.
Mit dieser kulinarischen Aufgabe bleibt er jedoch weit hinter seinen Möglichkeiten. Er haust im Supermarktregal und schafft mit kleinstem Aufwand das größte »Lecker!« im Brot. Ich spreche von Röstzwiebeln. Fertig frittiert aus der schnöden Plastikdose. Eine Handvoll reicht, um aus dem einfachsten Brotteig eine Delikatesse zu machen.

TIPP
»Bavarian Brotgewürz«
In Deutschland und Österreich mag man Brotgewürz.
Besonders in Bayern gehört der Geschmack von Anis, Fenchel und besonders Kümmel in ein gutes Hausbrot.
Wer es ein bisschen weniger klassisch mag, gibt noch Koriandersamen hinzu. Die getrockneten Gewürze werden zu gleichen Teilen gemischt und im Foodprocessor oder Mörser fein vermahlen. Wer eine alte Kaffeemühle hat, der kann sich freuen, denn damit geht es besonders gut.

FRISCHHALTEMASSNAHMEN

Sauerteigbrot kann erstaunlich lange aufbewahrt werden. Es gewinnt oft sogar an Aroma, wenn es ein paar Lebenstage mehr auf dem Buckel hat. Wenn wir einem Brot aber keinen Ort geben, an dem es in Würde altern darf, bleiben ihm nur zwei Möglichkeiten: hart werden oder schimmelig. Beim Brotbacken wird in der Stärke Wasser gebunden. Diese Feuchtigkeit tritt wieder aus, wenn das Brot gelagert wird. In Plastikdosen oder -tüten, aus denen Feuchtigkeit nicht entweichen kann, wird Brot deshalb gummiartig und schimmelt irgendwann. Brot, dessen Feuchtigkeit komplett verloren geht, wird hart.

In den Genuss eines gereiften Brotes kommt also nur, wer es nicht austrocknen oder zäh werden lässt. Wohl dem, der die Orte kennt, an denen Brot sich wohl fühlt.

Tontöpfe können Brot lange frisch halten. Ton ist offenporig und reguliert die Feuchtigkeit. Meine Brottöpfe kommen aus der Gärtnerei. Ich nehme möglichst große, unbehandelte Blumentöpfe und streiche sie außen (!) an. Die Farbe muss atmungsaktiv und unbedenklich sein im Hinblick auf Schadstoffe. Viele Kreidefarben sind das und Leinölfarben auch. Für Letztere braucht man allerdings viel Geduld, denn Leinölfarbe trocknet langsam. Mit einem runden Hackbrett aus der Küche wird der Topf verschlossen. Obendrauf ein Möbelknauf aus dem Baumarkt, fertig! Deckel von alten Kochtöpfen sind auch schön. Ich lasse nie einen einsamen Deckel auf Flohmärkten und Yard Sales liegen. Diese Deckelreserve ermöglicht mir, jederzeit einen Brottopf selbst herzustellen, den ich dann zusammen mit einem frisch gebackenen Brot verschenken kann.

Emaille eignet sich auch gut. Es gibt Behälter in vielen Formen und Farben. Gutes Emaille ist ein tolles Material. Vor allem alte Emaille-Kochtöpfe sind grandiose Brotaufbewahrer. Ihre Deckel schließen gut, aber nicht luftdicht und Emaille ist in der Spülmaschine stressfrei sauber zu halten. Wer das Brot übrigens in ein Leinentuch wickelt, bevor es in den Emailletopf kommt, erzielt die allerbesten Aufbewahrungsergebnisse.

Zirbenholzkästen zur Aufbewahrung von Brot sind immer noch ein Geheimtipp. Zirbelkiefern wachsen in den Alpen. Sie sondern Pinosylvin ab, einen Duftstoff, der antibakteriell wirkt und Schimmelbildung beim Brot verhindert. Zirbenholz kann außerdem, ähnlich wie Ton, Feuchtigkeit aufnehmen und bei Trockenheit wieder abgeben. Beste Voraussetzungen also für beste Brotboxen. Im Alpenraum fertigen kleine Schreinereien solche Brotkästen aus Zirbenholz in Handarbeit an.*
Und was machen die, die keinen Platz für eine Brotbox in der Küche haben? Kein Problem, es gibt auch Lösungen für die kleine Küche.

Leinenbeutel verstehen sich bestens mit Brot, und eine Küchentür, an der so ein Brotbeutel baumeln kann, sollte sich auch finden lassen. Ich finde die schönsten Brotbeutel auf den Flohmärkten. Dieser hier rechts kommt aus einer Zeit, als die Brötchen noch mit »d« geschrieben wurden. Und warum ist Leinen so gut zum Brot? Weil es viel Feuchtigkeit aufnehmen kann und so das Brot vor der Vermatschung bewahrt.

Robuste Brotsorten mit dicker Kruste halten sogar eine Weile ohne Box durch! Sauerteigbrot gehört in Sachen Haltbarkeit zu den Spitzenreitern beim Brot. Ein hoher Roggenanteil und viel volles Korn erhöhen die Lebensdauer des Brotes noch einmal mehr. Vollkornbrote sind bis zu neun Tagen gut genießbar. Einfach mit der Schnittfläche nach unten auf ein Holzbrett stellen und mit einem Geschirrtuch abdecken.

TIPP
Brotbehälter, egal welcher Art, sollten übrigens von Zeit zu Zeit mit Essigwasser ausgewaschen werden. Essig ist ein natürliches und wirksames Mittel gegen Schimmel.

»Da hast du’s gehört. Ich soll geschätzt werden! Und zwar überall!«

»Bisher war doch jeder ausgesprochen nett zu dir.«

»Nett hin, nett her. Warum muss ich die ganze Zeit arbeiten und du darfst am See spazieren?«

»Weil du aus Essigsäure und Milchsäure bestehst und ich nicht.«

»Du siehst nur mein Blubbern, aber ich will im Ganzen geliebt werden.«

»Beruhige dich, sonst schäumst du über. Für mich bist du der Größte!«

»Echt?«

»Du bist hilfsbereit, hübsch, machst einen tollen Job, riechst gut und brauchst wenig Platz im Kühlschrank.«

»Kann ich das schriftlich haben?«

»Am Ende unserer Reise bekommst du ein Geschenk, das ist sehr viel besser!«

»Muss ich noch lange darauf warten?«

»Ein bisschen, jetzt kriegst du erst mal ein Bier.“

»Bier?«

»Bier!«

RUHE

BROTDUFT STATT BETABLOCKER

Frühstücken über den Dächern einer Stadt mit tausendjähriger Vergangenheit. Sehr schön!

Brioche genießen auf museumsreifem Porzellan. Sehr kostbar!

Brot backen mit Bier aus der ältesten Brauerei der Welt. Sehr lecker!

Bücher, Gemälde, Rezepte, Teller, Tassen ...
In diesem Haus atmet alles Geschichte. Nur die Geschichte von Josef Sellmair, die ist von heute. Sie erzählt von Barrieren im Kopf, die überwunden werden mussten, und von einem Leben, das bis tief in die Fundamente durchgeschüttelt worden ist.

Wenn Josef Brot backt, dann sind 16 Gramm Salz 16 Gramm Salz.
Nicht »ein bisschen« und auch nicht »so ungefähr ein Teelöffel«. Josef backt nicht intuitiv. Abgewogen wird prisengenau. Mit Präzisionswaage. Und wenn der Timer klingelt, steht alles andere still. Sofort! Kein »Ich räum noch schnell die Spülmaschine aus« oder »Die eine E-Mail schreib' ich noch!«. Wenn der Timer die nächste Zündstufe für den Teig ankündigt, werden die Hände umgehend in kaltes Wasser getaucht und los geht's mit »Dehnen und Falten«

Josef kann den Tisch decken und die Spülmaschine einräumen, Johannisbeermarmelade aus dem Einmachglas in ein Porzellangefäß jonglieren und telefonieren. Nicht nacheinander. Gleichzeitig! Nur wenn er Brot backt, geschieht alles ruhig, exakt und der Reihe nach. Wie ein Uhrwerk. Schritt für Schritt. Jede Bewegung wirkt entspannt. Selbst die Schüsseln klappern leiser, wenn er sie beim Backen auf die Tischplatte stellt.

Gebacken wird samstags. Jeden Samstag seit drei Jahren.
Brot für die ganze Woche. Zunächst nur, weil es lecker war, und dann, um gegen die vielen »Ich-muss-nochs« anzubacken, die immer samstags ihre Schilder hochhalten. »Ich-muss-noch-die-Steuer-machen«, »Ich-muss-noch-das-Badezimmer-streichen«. Fiese kleine Flüsterer, die das Zeug haben, uns jedes Wochenende zu versauen. Josef Sellmair ist Teil eines alteingesessenen bayerischen Familienunternehmens, das Bademäntel und Nachtwäsche herstellt. Stress von montags bis freitags. Aber seit Josef Bekanntschaft mit dem Sauerteig gemacht hat, räumt der Duft von frischer Kruste jeden Samstag die Anspannungen weg. Oder, wie Josef sagen würde: Lieber Brotduft als Betablocker.

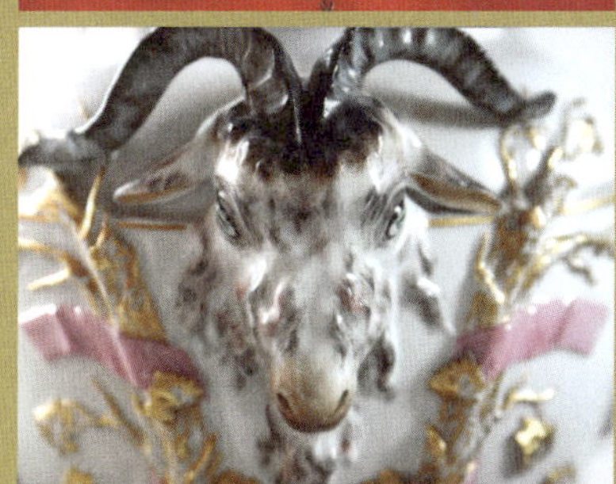

Der Kühlschrank ist randvoll mit leckeren Sachen.
Ein Viertel des Innenraums beanspruchen Gläser. Sauerteigstarter. Alle sorgsam beschriftet.
Josef hat nicht nur einen, sondern viele. Die Butter würde in diesem Kühlschrank niemand finden. Niemand, außer Josef. Der weiß blind, dass sie hinter der Doppelreihe Sauerteiggläschen liegt. Gleich neben dem Camembert.
Auf dem Küchentisch liegt eine Tüte Pfirsiche. Und Kirschen. Die werden für ein Foto gebraucht und später fürs Frühstück und sollen hinauf in den ersten Stock.

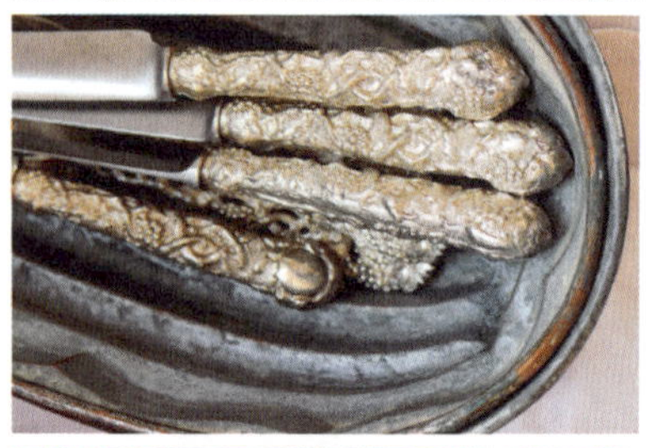

Der Hausherr klemmt sich eine Tischdecke und die passenden Stoffservietten unter den Arm.
Er legt Obst und Butter auf ein Tablett. Messer dazu, eine Blumenvase und einen Stapel Porzellanteller. Teller von dieser Kostbarkeit stehen üblicherweise in Vitrinen, bei Josef werden sie benutzt. Die Pfirsiche kullern beim Gehen auf dem Tablett herum. Die Teller klappern bedenklich und die Kirschen kommen ins Rutschen. Ich will mir den Text nicht vorstellen, den ich an meine Haftpflichtversicherung schreiben müsste, wenn aus dem Tellerstapel ein Scherbenhaufen würde. Denn ich war's, die den Hausherrn angestiftet hat, für ein paar Fotos mit den Tellern in die oberen Räume umzuziehen.

Josef hatte mir erzählt, dass er den französichen Maler Jean-Siméon Chardin verehrt.
Und weil sein Lieblingsstillleben von Chardin im Pariser Louvre gebraucht wird, hatte er es sich in einem Copyshop auf Leinwand drucken lassen. Eine äußerst appetitliche Szene aus dem Jahre 1763 mit Früchten und Likör und einem süßen Brot in der Mitte, in dem ein Orangenzweig steckt.
Ich hatte eine Idee und wollte sie Josef vorsichtig schmackhaft machen …
»Josef, stimmt es, dass du gern

in alten französischen Rezeptbüchern liest?«
»Ja, sehr gern.«
»Auch in alten Backbüchern?«
»Ja, wenn ich welche finde. Die sind seltener als Kochbücher!«
»Kannst du so ein antikes, süßes Brot backen?«
»Du meinst eine Brioche?«
»Ja. So ein Weißbrot mit Bömmel oben drauf. Wenn du eines backen könntest, das so aussieht wie das auf dem Gemälde, dann bauen wir uns einen lebenden Chardin.«

Wir nahmen den gedruckten Chardin vom Haken und stellten ihn auf eine Kommode vor eine grüne Wand.
Es dauerte eine Weile, bis wir das richtige Porzellangefäß gefunden hatten. Nicht weil kein passendes vorhanden gewesen wäre. Im Gegenteil: Die Auswahl war zu groß. Josef sammelt Porzellan aus dem 18. Jahrhundert. Teller, Saucieren, Terrinen, Konfektschalen. Einzigartig und kostbar. Wir drapierten das Obst und den Likör und als wir endlich das richtige Gefäß für den linken Bildrand gefunden hatten, holte Josef die Brioche aus der Küche.

Es war gar nicht so einfach, der Brioche von Chardin einen Zwilling zu backen.
Josef wollte nicht nur ein süßes Brot machen, das so aussieht wie aus dem Paris von 1763. Er wollte eines, das auch so gebacken wurde wie im Frankreich von anno dazumal.
»Sehr viel Butter ist drin und viele Eier«, sagt Josef. »Das hat sich bis heute nicht geändert. Aber wie viel genau wovon? In den Kochbüchern des 18. Jahrhunderts gibt es kein metrisches System.«
Josef, der Mann mit der Präzisionswaage, musste ein bisschen tüfteln, aber das Ergebnis kann sich sehen und schmecken lassen. Die Brioche wurde zum Frühstück verspeist, nachdem sie im »lebenden Chardin« verewigt worden war. Ein mild süßes Brot, das das Zeug hat, süchtig zu machen.
»Früher haben die Maler mit Weißbrot sogar radiert!«
»Die Maler haben was?«
»Sie haben ihr Weißbrot nicht nur gegessen, sie haben auch Bleistiftstriche damit wegradiert. Radiergummis wurden erst um 1770 erfunden.« Josef lacht. Dieser Mann kann nicht nur backen, er ist ein wandelndes Lexikon.

Ein Frühstück, das aus dem 18. Jahrhundert herausgefallen zu sein scheint, ist etwas Besonderes. Ein Bild aus dem Louvre auf einer bayerischen Kommode zum Leben zu erwecken auch, aber ich wollte Josef noch zu einem weiteren Brot überreden. Er ist ein ungewöhnlich hilfsbereiter Mann und sehr spontan. Ich war sicher, meine Idee würde ihm gefallen.

Die kleine Stadt, in der Josef lebt, heißt Freising und liegt in Bayern. Nicht weit von München. Sie liegt an zwei Hügeln. Auf dem einen steht ein sehr berühmter Dom. Uralt. Auf dem anderen eine noch berühmtere Brauerei. Noch sehr viel älter!
Es ist die älteste Brauerei der Welt. »Josef, ich finde, Vitus ist jetzt reif für sein erstes Bier. Er hat schon so viele gute Sachen intus ... Honig, Holunderblütensirup, Weihwasser. Jetzt könnte er ein Bier vertragen.«

Ich hatte nämlich einen Plan. In bayerischen Biergärten ist es Brauch, dass man sich an der Schänke ein Bier holt und dann ein schattiges Plätzchen unter den dichten Bäumen sucht. Ein Proviantkorb gehört auch dazu. Vor langer Zeit hatte nämlich ein bayerischer Monarch eine Verordnung erlassen, wonach es für immer und in alle Ewigkeit erlaubt sei, sich seine Brotzeit in den Biergarten mitzubringen. Einzige Bedingung: Dem Wirt muss ein Bier abgekauft werden. Heutzutage lässt man auch Wasser oder Limo gelten.

»Kannst du ein deftiges Brot backen, Josef?
Ein Brot, aus dem der Vitus herausschmeckt, wenn wir hineinbeißen, und das zu Käse und Radieschen passt.«
»Du willst rauf auf den Hügel in die Brauerei vom Weihenstephan, stimmt's?«
»Genau und zwar mit Proviantkorb, und dann setzen wir uns in den Biergarten und machen Brotzeit mit einem gutem Bier!«
So entstand Josefs »Freisinger Bierbrot«. Würzig und krustig und mit Bier aus der ältesten Brauerei der Welt. Gebacken mit präzise abgewogenen Zutaten und minutengenauem Dehnen und Falten.

Vielleicht schätzt Josef den präzisen Ablauf beim Brotbacken so sehr, weil er erlebt hat, dass das Leben anderen Regeln folgt.
Oft glauben wir, wenn wir unser Tun präzise abwägen, dass unsere Vorstellungen vom Leben genau so präzise aufgingen. Beim Brot mag das funktionieren. Das Leben hat aber oft andere Pläne.
Josef war lange verheiratet und ist Vater von drei wunderbaren Kindern. Die Ehe zerbrach und er blieb allein. Nun lebt er seit fünf Jahren mit Georg zusammen. Ein glückliches Leben. Ein Leben, das erst bis tief in die Fundamente durchgeschüttelt wurde und sich nun genau richtig anfühlt.

FREISINGER BIERBROT

Vorteig
70 g Roggenvollkornmehl
70 g heißes Wasser
70 g Sauerteigstarter
Gut vermengen und 6–8 Stunden bei Raumtemperatur ruhen lassen.

Nach 5 bis 7 Stunden einen zweiten Teig ansetzen
560 g Weizenmehl
350 g Bier (auch alkoholfrei oder Wasser)
Dieser Teig ist ein sogenannter Autolyse-Teig. Er soll zugedeckt 1 Stunde ruhen.

Wenn sich beide Teige ausreichend entwickelt haben, kommen sie in die Schüssel der Rührmaschine, zusammen mit
16 g Weizenmehl
15 g aktives Backmalz
15 g Salz
70 g Bier (auch alkoholfrei oder Wasser)
10 g Hefe bei Bedarf
Auf niedrigster Stufe 5 Minuten kneten, dann auf Stufe 2 weitere 5 Minuten.
In eine geölte Schüssel geben und 3 Stunden bei Raumtemperatur reifen lassen.

Alle 30 Minuten viermal dehnen und falten. Dann den Teig rund wirken und mit der Naht nach unten im Gärkörbchen nochmals 1 Stunde reifen lassen. Gebacken wird mit der Topfmethode.
Backofen auf 250 °C erhitzen.
Teig mit dem Schluss nach oben in den Topf stürzen und mit geschlossenem Deckel bei 250 °C backen.
Nach 25 Minuten den Deckel abnehmen und die Temperatur auf 230 °C reduzieren.
Weitere 25 Minuten backen.
Brot stürzen, Klopfprobe machen und auf einem Gitter auskühlen lassen.

BRIOCHE À LA CHARDIN

70 g Sauerteigstarter
500 g Weizenmehl
75 ml Sahne
12 g Salz
6 Eier
300 g Butter

Alle Zutaten, bis auf die Butter, vermischen und 5 Minuten auf niedrigster Stufe in der Küchenmaschine vermengen.
Danach weitere 10–15 Minuten mit der Maschine zu einem straffen Teig kneten.
Die Butter in kleinen Stücken zugeben und weitere 5 Minuten kneten, bis das Fett komplett eingearbeitet ist.
Den Teig zugedeckt im Kühlschrank 2 Stunden gehen lassen. Nach 30 Minuten erstmals und nach einer Stunde ein weiteres Mal dehnen und falten.
Danach die Brioche formen: Eine große und eine kleine Kugel rund wirken, die kleine auf die große stellen und eine Nacht lang zugedeckt im Kühlschrank gehen lassen.
Ofen auf 230 °C vorheizen, die Brioche mit Eigelb bestreichen und entweder frei geschoben oder in einer gebutterten Form 15–20 Minuten backen.

POWERPULVER

Manche Rezepte vertrauen nicht alleine auf den Schwung des Sauerteigs, sondern setzen noch eins drauf.
Sie empfehlen eine Art Turbolader im Brotteig: Backmalz. Backmalz ist Getreide, das zum Keimen gebracht und dann getrocknet, geröstet und vermahlen wird. So entsteht Malzzucker, den die Mikroben im Sauerteig zum Fressen gernhaben. Und weil satte Mikroben den Teig besonders gut aufplustern, bekommt die Gärung zusätzlichen Schwung.
Es gibt vielerlei Backmalze. Aktive und inaktive, Malzextrakt, Farbmalz und Malzflocken.

In meiner Backschublade gibt es nur das sogenannte aktive Backmalz.
Aktives Backmalz im Teig ist ein »Kann«, kein »Muss«. Es fördert die Gärung ganz allgemein, besonders aber die Endgare und den Ofentrieb, und es macht die Kruste schön braun und knackig.

Viel hilft viel, ist beim Backmalz aber der falsche Ansatz.
2 % von der Gesamtmehlmenge ist die perfekte Dosis. Eine Überdosierung von aktivem Backmalz bewirkt einen vermehrten Stärkeabbau während des Gärprozesses und das führt zu klebrigem, feuchtem Teig.
Wenn sehr viel Roggenmehl im Teig ist, sollte auf aktives Backmalz übrigens ganz verzichtet werden.

Aktives Backmalz ist kein Wundermittel.
Es ist ähnlich wie die Schwimmflügelhefe ein Hilfsmittel, um den Sauerteig zu unterstützen. Ein kräftiger Sauerteigstarter wie Vitus braucht aber eigentlich keine zusätzliche Unterstützung. Wer seinem Starter etwas Gutes tun will, der feuert ihn von Zeit zu Zeit mit einem Löffelchen Honig oder Sirup an. So bleibt er groß und stark und wird mit Teigmengen aller Art ganz alleine fertig.

HÄNDE ODER KÜCHENMASCHINE?

Wer Brot backt, muss Teig bearbeiten.
Manche Teige werden geknetet, andere gedehnt und gefaltet. Die einen mehr, die anderen weniger.
Kurz: Jeder, der in ein fluffiges Brot beißen will, muss den Teig gut behandeln.
Die meisten werden die Bearbeitung ihres Teiges einer Küchenmaschine überlassen. Aber welche ist die beste? Handmixer scheiden wegen Schwäche aus, denn Brotteige sind schwere Teige. Was also sind die richtigen Helfer für einen guten Brotteig?

Küchenmaschine
Eine gute Küchenmaschine muss Kraft haben. Vor dem Kauf in der Produktbeschreibung nachlesen, mit wie viel Mehl sie es aufnehmen kann. Es sollte mindestens ein Kilo sein. Ein robuster Knethaken sollte auch zur Ausstattung gehören. Ich arbeite am liebsten mit der guten, alten KitchenAid. Viele Brotteige müssen minutenlang in der Maschine geknetet werden. Da drehen manch andere Fabrikate schnell mal durch. Bei sehr viel Teig und langer Laufzeit erhitzt sich manchmal sogar meine KitchenAid, aber sie macht nicht schlapp!*

Foodprocessor
So ein Gerät ist eine Anschaffung fürs Leben und ein echtes Multitalent. Wer abends frische Dinner Rolls zum Essen mag oder oft Waffeln oder Pancakes isst, wird mit einem Foodprocessor glücklich. Kleinere Teigmengen knetet er im Alleingang. Mehl rein, Flüssigkeit dazu, Deckel drauf, einschalten, fertig! Teigmengen für richtig große Brote schafft er nicht. Dafür kann er aber wirklich fast alleTätigkeiten in der Küche übernehmen.**

Hände
Alles was Maschinen mühsam einprogrammiert werden muss, können unsere Hände von Natur aus. Das kräftige Vermischen von Mehl und Flüssigkeiten können wir aber getrost den elektrischen Helfern überlassen, denn darin sind sie unschlagbar. Langes Kneten ist wichtig, um das Klebereiweiß Gluten wie ein Netz im Teig zu verteilen. Das macht den Teig locker. Sobald aber ein schöner elastischer Teigklumpen entstanden ist, sind unsere Hände klar im Vorteil. Der Teig wird auf eine bemehlte Arbeitsfläche gelegt und gedehnt und gefaltet. Auf diese Weise wird der Teig fit gemacht, um ein gutes Brot zu werden – und das geht nun mal nur von Hand.

»Schreibst du das nur so oder mach ich dich wirklich glücklich?«

»Du machst mich wirklich glücklich!«

»Warum?«

»Weil ich dir gern beim Bubbeln zuschaue und weil du meine Brote so lecker machst.«

»Warum musst du dann gleich ein ganzes Buch darüber schreiben? Reicht es nicht, wenn du dich im Stillen freust?«

»Ich finde, du hast das Zeug viele Menschen zu erfreuen.«

»Echt wahr?«

»Echt wahr! Und außerdem isst jeder gerne leckeres Brot. Bis auf meine Freundin Diana.«

»Dann will ich die nicht kennenlernen.«

»Musst du auch nicht. Wir reisen jetzt zu jemandem, der dich genauso gern hat wie ich.«

»Vielleicht noch ein bisschen doller?«

»Möglicherweise sogar noch doller. Er will dich malen. «

»Echt wahr?«

»Echt wahr! Ein echtes Sauerteig-Porträt!«

EINFACHHEIT

JEDE SCHEIBE EINE SCHÖNHEIT

Das Brot aus Maine hat viele Zutaten: 100 g Vitus, 250 g frische Blaubeeren, eine Portion Ahornsirup, Mehl, Salz und die Handschrift eines Malers.

Mein Freund John kann sehr viele Dinge.
Er findet Schätze, die andere nicht sehen, kann fischen, kochen und Räder unter Kanus montieren. Er kann riesige Kürbisse wachsen lassen, ungefähr drei deutsche Sätze sagen und für Straßenkinder in Brasilien sorgen. Er kann Löffel auf der Nase balancieren, ein bisschen Geige spielen, und vor allem kann er Bilder malen. Bilder, in denen man versinken kann.
»John, kannst du auch Brot backen?« schrieb ich in einer Email. Ich wollte sichergehen, um nicht an einer Idee zu hängen, aus der vielleicht nichts wird.
»Ich liebe es, Brot zu backen« schrieb er zurück.
Das war ein Anfang, aber ich wollte mehr.
»Kannst du auch Sauerteig?«
»Sauerteig ist wunderbar«, antwortete er, »aber ich hab lange nicht mehr damit gebacken.«

Auf meinem Küchentisch stand das Glas, in dem Vitus wohnte.
Ich schaute auf die Luftblasen, die er produzierte. Immer wieder neu und immer anders. Ich betrachtete seine feine Tönung. Rosa vom Purpurweizen, zartes Grau von Pablos Roggenmehl, Mehl aus dem Kloster, Honig, Bier, Holunderblütensirup … alles zusammen hatte ihn vanillegolden werden lassen.
Er war unzählige Male wunderschön von Barbara fotografiert worden und am Ende jeder Reise hatte ich ein Polaroidfoto von ihm für meine Pinnwand geknipst. Aber für mich gab es nur einen, der Vitus' Schönheit für immer festhalten könnte.
»John, könntest du einen Sauerteig für mich malen?«

John gefiel meine Idee.
Ich stellte mir vor, wie er viele Tage in seinem Studio an der Staffelei sitzen würde. Es wäre still im Raum. Ganz selten würde man eine Möwe hören, die vom Meer kommt, oder die alten Dielen, die quietschen, wenn seine Frau Ellen ihm einen Kaffee bringt. Nur drei- bis viermal pro Woche würde die Stille zerrissen von dem Güterzug, der durch Johns Garten zur Zementfabrik nach Rockland fährt.
Ich malte mir aus, wie Vitus von John porträtiert würde. Jede Blubberblase würde fein und originalgetreu gemalt wie die Wimpern eines Menschen auf den Gemälden alter Meister.

»Wann kommst du? Soll ich einen Sauerteig ansetzen?«, fragte er.
»Nein, ich bring einen mit. Einen besonders netten, du wirst ihn mögen.«
»Findest du nicht, dass auch ein Brot auf das Bild gehört? Ein Sauerteigbrot?«
»Absolut. Ich hab mich nur nicht getraut zu fragen«, schrieb ich zurück und machte fünf Smileys hinter den Satz. »Ich freu mich auf einen echten John Whalley mit Sauerteig und Brot!«

John liebt Brot.
Es ist unmöglich, mit ihm essen zu gehen und das Beilagenbrot gedankenlos in sich hineinzukauen. »Brot ist so ›welcoming‹«, sagt er. Eine schöne Beschreibung, die sich nur unzureichend übersetzen lässt.
John nimmt jede Pore im Brot wahr. Er sieht, wie die Sonne im Sahnegelb der zerlaufenden Butter funkelt. In jedem Lokal in den USA bekommst du Dinner Rolls zum Essen. Für John ein Augenblick zum Innehalten. Er ist dankbar für das warme Brot. Ein Gefühl, das sich bei ihm nicht abzunutzen scheint.

John schrieb, er habe in seinem Studio noch ein paar andere Dinge gefunden.
Dinge, die gut zum Sauerteig passen würden. Er habe etwas komponiert und sei sicher, dass es mir gefallen würde. Ich war auch sicher und bereitete die Reise vor.
Maine liegt an der Ostküste der USA. Viele Sommer habe ich dort verbracht. Meist fliege ich bis Boston und nehme von da einen Leihwagen. Im Flugzeug freue ich mich schon auf die Route 1, die ich Richtung Norden fahre. In Ogunquit wird wie immer Stau sein, aber den werde ich nutzen, um bei »Bread and Roses« Schokocookies mitzunehmen. Ich male mir mein erstes Hummerbrötchen aus, das ich bei der Pemaquid Lobster Coop essen werde, und halte meist kurz vor dem Ziel noch einmal an, um am Straßenrand ein Fläschchen »Moxie« zu kaufen. »Moxie« ist Maines Nationallimonade. Schmeckt wie Hustensaft mit Fanta und brennt minutenlang im Mund. Und wenn ich dann mit »Moxie« in der Hand einen Moment angelehnt am Auto stehe, dann kann ich spüren, wie Heimatgefühl durch meine Adern pocht.

Ich dachte an die vielen Bilder, die ich von John kannte.
Faszinierende Porträts, Landschaften und unzählige Dinge des täglichen Lebens. Bescheidene, zurückgelassene Dinge. Ein Messlöffel, ein alter Pinsel, ein Kochbuch. Aber ich erinnerte mich nur an ein Bild, auf dem ich ein Brot gesehen hatte. Ich war dabei, als es damals fertig wurde. Ein indischer Kunstsammler wollte, dass John das letzte Abendmahl für ihn malt. John bat um absolute künstlerische Freiheit und zeichnete die Straßenkinder aus Goias. Die Straßenkinder, mit denen er viele Jahre gelebt hat. Er malte Henrique, Tales und Gabriel. Jedes Gesicht am Tisch ein echtes Gesicht. In der Mitte das Brot. Jeder Tag Überlebenskampf für die Jungen, jedes Abendmahl möglicherweise das letzte.

Das Haus von John und Ellen Whalley ist in meiner Lieblingsfarbe gestrichen.
Weiß! Wie die meisten Häuser an der Ostküste. Weiß und aus Holz. Wer durch die Eingangstür tritt, steht ohne jede Vorwarnung direkt in der Küche. Tür auf! Küche! Gemütlich!
Ich freute mich sehr auf einen Kaffee und mein Sauerteig brauchte dringend Futter, um nicht saurer als nötig zu werden. Vitus sollte sich ja bei dem Maler, der ihn nun porträtieren würde, von seiner besten Seite zeigen.

Ich kann mich genau an den Tag erinnern, als ich das erste Mal dieses Haus betrat.
In Ellens Küche fühlte sich alles so vertraut an, als wäre ich dort groß geworden. Wir setzen uns an den Tisch vor dem Fenster. Dann durfte ich Johns Studio besichtigen.
Die Bilder, die ich sah, berührten mich auf sonderbare Weise. Sie lösten das Bedürfnis in mir aus, jedes Motiv in den Arm nehmen zu wollen.
In Dutzenden Regalen waren unzählige Dinge aufgereiht. Sortiert nach Größe und Farbe. Flaschen in vielerlei Blau, Kordeln, Einmachgläser, uralte Bücher, Fotografien und Geigen. Unter der Decke ein ausrangiertes Ruderboot. Jedem Ding war anzusehen, dass es geliebt wird.

Dieses Studio war das Dinge-Waisenhaus eines Künstlers, der zurückgelassene Sachen adoptiert, um ihnen in seinen Bildern ein neues Zuhause zu geben.

Später, wenn John nach Schätzen Ausschau hielt, war ich oft dabei.
Samstags und sonntags auf dem Montsweag-Flohmarkt in Wiscasset oder im Thrift Shop des Miles Memorial Hospital in Damariscotta. Fasziniert habe ich zugesehen, wenn er ausrangiertes Werkzeug und verbeulte Blechdosen in der Hand drehte, um ihnen ihre Geschichte abzuhorchen.
Niemand sonst bringt abgenutzten Gebrauchsgegenständen so viel Respekt entgegen. Es ist, als ob er sich verneigt vor der Arbeit, die diese Dinge jahrelang geleistet haben. »Redemption« nennt er das, »Wiedergutmachung!«.

Es fühlte sich so gut an, wieder hier zu sein!
»Willst du sehen, wie weit ich bin mit unserem Bild?« Ellen hatte mir zur Begrüßung gleich eine große Tasse Kaffee in die Hand gedrückt. Sie kennt mich gut und weiß, wonach ich mich nach einer langen Autofahrt sehne. Ich nahm einen großen Schluck und folgte dem Künstler aufgeregt in sein Studio.

John hatte einen Laib Brot genommen, ein ausrangiertes Backbrett, eine Bibel und ein uraltes Fass. In die Mitte hatte er ein großes Einmachglas aus Ellens Küche gestellt. Das Glas war noch leer.
»Alles, was ich für unser Bild wollte, habe ich hier im Studio gefunden, weil ich es irgendwann vom Flohmarkt mitgebracht habe«, lachte John. »Nur das Brot habe ich frisch bei Borealis in Waldoboro geholt. Gutes, handgemachtes Sauerteigbrot.«

Das Bild war wunderbar.
Alles zum Greifen echt. Man glaubte, die frische Kruste riechen zu können. »Gut ist es erst, wenn es fertig ist«, bremste John meine Begeisterung, »und bis dahin braucht es noch eine Menge Pinselstriche.«
Ich holte die Thermosröhre, in der Vitus im Gläschen hockte. »Wir müssen ihn dringend füttern. Er braucht Kraft, um das riesige Glas vollzububbeln, in dem du ihn malen willst«, sagte ich zu John. Sobald Vitus die passende Höhe im Glas erreicht haben würde, könnte John anfangen, ihn zu porträtieren. Und dabei würde ich meinem Lieblingsmaler so oft wie möglich über die Schulter schauen.

John Whalley ist in New York aufgewachsen.

In Brooklyn mit seinen dunklen Backstein-Häuserreihen. John konnte sich lange kein Grün, Blau oder Rot vorstellen. »Ich dachte, dass es überall nur zwei Farben gibt: Braun und Schwarz.« Erst als die Eltern beginnen, die Wochenenden mit den Kindern auf dem Land zu verbringen, sieht er Blumen und Bäume und entdeckt die Farben.

Er studiert Malerei in Rhode Island. Kunsthändler und Galerien werden schnell auf ihn aufmerksam. Er hätte sorgenfrei von seiner Kunst leben können, aber er geht nach Südamerika, um Straßenkindern zu helfen. Zurück in den USA, lässt ihn die Not der Kinder nicht los. Er geht nach Brasilien. Dort gibt es eine Ranch, in der Straßenkinder zur Schule gehen und lernen, wie sich ein sicheres Leben anfühlt. John lehrt die Kinder zu malen und kocht für sie. »Wir waren oft total pleite und mussten in den Mühlen auf dem Land um Mehl betteln. Ich habe nie wieder vergessen, wie kostbar Mehl ist!«

John saß täglich an der Staffelei im Studio.

Seine Geduld mit den unzähligen Luftblasen von Vitus war grenzenlos, und wenn er malte, war es im Studio genauso still, wie ich es mir vorgestellt hatte! Nur dann nicht, wenn John und ich uns unterhielten.

John erzählte, wie er für die Kinder in Brasilien gebacken hatte. »Wenn wir nichts mehr hatten, dann meist wenigstens noch Mehl. Und wenn ich Mehl hatte, konnte ich die Kinder mit Brot versorgen.«

Fast sechs Jahre verbrachte John auf der Ranch. Half, den Kindern eine Heimat zu geben. Seine Söhne, Ben und Matthew, waren bei ihm. Sie wuchsen wie Brüder mit den brasilianischen Jungs auf. »Viele der Straßenkinder hatten Schlimmes erlebt. Ich wollte helfen, ihnen ihre Würde zurückzugeben.«

Vielen wurde ein Weg geebnet, der ohne das Projekt nicht möglich gewesen wäre. Sie haben Vertrauen gelernt und eine Ausbildung bekommen. Ganz von dort fortgegangen ist John nie.

Einmal im Jahr trommelt er amerikanische Spender zusammen und sichert so für einige Monate das Brot der Kinder.*

»Wahrscheinlich haben deine ersten Brote schrecklich geschmeckt und die Kinder haben sie nur gegessen, weil du so nett bist.«

John lacht laut. Ich werte das als ein »Ja« und schaue weiter zu, wie er die Farben für das Vitus-Bild mischt. Jeden Tag neu. Aus Pigmenten und Eidotter. Wie er Schicht für Schicht aufträgt, bis die Farbtöne von Brot, Bibel, Brett und Sauerteig ganz genau so sind, wie er sie vorgesehen hat. Wenn John ein Bild komponiert, studiert er die Gegenstände oft wochenlang. Er will sehen, wie Licht und Schatten damit spielen. »Das ist wie bei einem alten Radio mit Drehknopf. Manchmal dauert es, bis du einen guten Sender findest, und dann nochmal, bis du ihn klar hören kannst. So ungefähr fühlt sich der Moment an, an dem ich anfangen kann zu malen.«

John malte jeden Tag am Vitus-Porträt.

Obwohl ich schon so viele Bilder von ihm gesehen hatte, staunte ich immer wieder über die Präzision, mit der er kleinste Details mit dem Pinsel übertrug. Wenn ich ihm nicht zuschaute, klapperte ich mit Ellen samstags die Garage Sales ab. Wir aßen hausgemachte Gewürzgurken bei »Morse's Sauerkraut« und ließen uns »Moxie« und Sandwiches in »Fernald's Country Store« schmecken. Fuhren immer wieder zu Elmer's Trödel-Barn nach Coopers Mills und jeden Morgen freute ich mich auf die Blaubeerpfannkuchen im Mill Pond Inn in Nobleboro.

Und dann war das Bild fertig. Ein großer Moment. John hatte es wunderschön gemalt. Pur und prachtvoll zugleich. Die ganze Dankbarkeit lag darin, die er für Brot empfindet.
John Whalley, der Maler aus Maine, der niemals auch nur ein Scheibchen davon wegwerfen würde. Selbst dann nicht, wenn es hart ist wie ein Stuhlbein.
»Was hältst du davon, wenn ich unser Abschiedsbrot mit Blaubeeren und Ahornsirup aus Maine backe, und mit Vitus natürlich?«
Ich fand die Idee großartig. Während das Blaubeerbrot im Ofen aufging, machte John Vitus fit für die Rückreise. Zumindest musste es Vitus so vorkommen, denn er ahnte nicht, dass noch eine Überraschung auf ihn wartete.
John fütterte ihn mit Bioweizenmehl aus Maine und Wasser aus dem Brunnen unter seinem Haus und wir zwinkerten uns zu, weil wir wussten, dass der Abschied noch nicht unmittelbar bevorstand.

Das Brot, das John gebacken hatte, war köstlich.

Süß vom Ahornsirup, fruchtig durch die Blaubeeren und dank Vitus fluffig. »Schau dir das an«, sagte John. »Jedes Brot ist ein Kunstwerk, und wenn du es aufschneidest, ist jede Scheibe eine Schönheit.«

Es sind Sätze wie dieser, die mich John vor vielen Monaten die Frage stellen ließen, ob er mir ein Sauerteigbild malen würde. Ich bin glücklich, ihn gefragt zu haben.

»Brot ist Leben«, hat John bei unserem letzten Treffen gesagt. »Brot ist wirklich Leben. Ich mag diese Bedeutung so sehr!«

Ich auch, John. Ich auch!

johnwhalley.com

BLAUBEERBROT AUS MAINE

100 g Sauerteigstarter
300–400 g lauwarmes Wasser
300 g Weizenmehl
175 g Vollkornweizenmehl
10 g Salz
100–125 g Ahornsirup
250 g Blaubeeren

Alle Zutaten bis auf Ahornsirup und Blaubeeren in einer Schüssel vermischen.
Abdecken und 2 Stunden ruhen lassen. Den Teig auf ein bemehltes Backbrett legen. Er ist am Anfang ziemlich klebrig und bekommt erst durch vier Runden »Stretch and Fold« Kontur.
Jede Runde dauert 3–5 Minuten, dann kommt der Teig zurück in die Schüssel. Abdecken und 15 Minuten ruhen lassen. Das Ganze viermal wiederholen.
Den Teig dann auf dem leicht bemehlten Holz zu einem Rechteck formen. Nicht zu viel Mehl nehmen, denn dann lässt sich der Teig nicht mehr gut rollen.
Mit dem Nudelholz ein großes, fingerdickes Rechteck ausrollen. Die Blaubeeren und den Sirup darauf verteilen und ein »Päckchen« formen. Dazu zuerst an den beiden kurzen Seiten einen Rand einschlagen und die Teigplatte dann von der langen Seite einrollen.
Das Teigpäckchen wird in Tuch und Plastikfolie verpackt und braucht dann eine Übernachtung im Kühlschrank von mindestens 12 und längstens 24 Stunden.
Vor dem Backen kommen noch einmal 1 bis 2 Stunden Ruhe bei Raumtemperatur dazu.
Der Laib wird bei 230 °C etwa 50 Minuten gebacken. Entweder frei geschoben, dann muss gute Bedampfung für eine feine Kruste sorgen, oder mit der Topfmethode. Halbe Backzeit im geschlossenen Topf, die zweite Hälfte ohne Deckel.

TIPP
Statt frischer Blaubeeren gehen auch tiefgefrorene oder solche aus dem Glas. Konserven-Beeren müssen gut abtropfen. Sehr lecker sind auch Cranberrys oder Rosinen. Beide gut einweichen und dann abtropfen lassen.

SAUERTEIGMÜTZEN

Erwähnte ich schon, dass es im Ehebett meiner Eltern bisweilen heiß herging?
Vor allem dann, wenn meine Mutter mittags das Haus verließ und mit ihrer Rückkehr nicht vor dem späten Abend zu rechnen war. An solchen Tagen herrschten ungewöhnlich hohe Temperaturen zwischen Matratze und Oberbett, und zwar besonders am Fussende. Dort stellte meine Mutter nämlich für gewöhnlich den Topf mit dem Kartoffelpüree ab. Gut zugedeckt, damit es schön warm bliebe, bis mein Vater von der Arbeit nach Hause kam. Merke: Alles, was gut zugedeckt ist, kann nicht kalt werden.

Sauerteig nimmt es richtig übel, wenn ihm kalt wird, und Zugluft mag er noch viel weniger.
Am allerliebsten plustert er sich bekanntlich bei ungefähr 28 °C auf. Damit mein Sauerteig bei der Gare in der Schüssel nicht von kühlen Lüften umweht wird und Temperaturschwankungen ausgesetzt ist, bekommt er bei mir eine schöne Mütze aufgesetzt. Meist sogar eine temperierte Mütze.

Zu Großmutters Zeiten hießen sie Kannenmützen und hielten den Tee oder Kaffee warm.
Ich hab mir die Berufserfahrung solcher Mützen zunutze gemacht. Als Sauerteigmützen sorgen sie nun für gute Gare ganz ohne Strom.
Man kann solche Kannenmützen fertig kaufen oder ein paar Bahnen Stoff mit flauschigem Vlies füllen und zu einer Haube zusammennähen. Und wer kommt ins Spiel, wenn es darum geht, etwas Hübsches zu nähen? Richtig! Meine Freundin Simone.
Ich bin ja Nadellegastheniker. Bei mir hat es gerade dazu gereicht, das alte Leinen zu färben, aus dem Simone die Sauerteigmütze entworfen hat. Eine Sauerteigmütze muss so groß sein, dass bequem eine Schüssel darunter passt. Bevor die Mütze zum Einsatz kommt, stelle ich eine heiße Kanne mit Tee oder Kaffee darunter – Metallkannen geben von ihrer Temperatur besonders gern ab. Sobald die Haube genug Wärme aufgenommen hat, wird sie über die Schüssel mit dem Sauerteig gestülpt und hilft dem Teig beim Gehen.

Einfache Helferlein wie die Sauerteigmützen mag ich sehr!
Jederzeit einsetzbar, unabhängig vom Strom und schön anzuschauenobendrein.
Und damit die nicht traurig sind, denen der Umgang mit Nadel und Faden schwerfällt, schlage ich vor, wir teilen uns einfach meine Freundin Simone. Sie hat uns nämlich das Schnittmuster für die Sauerteigmütze und eine Anleitung hinterlassen, die sogar ich verstehe.*

TROCKENES BROT VEREDELN

Wer einst sein Brot wegwarf, kam am Ende seiner Tage ohne Umwege in die Hölle. »Brotfrevel« wurde vom himmlischen Gericht scharf geahndet. Das Wort ist aus der Mode gekommen und die Hölle auch. Vielleicht ist das der Grund dafür, dass heute mehr Brot im Müll landet als jemals zuvor. Allein in Europa werden pro Jahr drei Millionen Tonnen Brot weggeworfen. Mit dieser Menge könnte man ganz Spanien ein Jahr lang verpflegen. Die meisten Bäckereien und Supermärkte sorgen heute dafür, dass altbackenes Brot an die Tafeln weitergegeben oder anderweitig gespendet wird. Allerdings wird in privaten Haushalten immer noch viel zu viel Brot weggeworfen. Ich schlage vor, wir machen stattdessen lieber etwas Leckeres daraus.

Brotchips
Altbackenes Brot in möglichst dünne Scheiben schneiden. Eine Knoblauchzehe hacken und in Olivenöl verrühren. Das Öl über die Brotscheiben pinseln, mit Fleur de Sel bestreuen und im Backofen goldbraun rösten.

Frikadellen
Egal, wie sie heißen, Frikadellen, Buletten, Fleischpflanzerl ... in den meisten Regionen Deutschlands werden sie mit eingeweichten Semmeln gemacht. Semmeln sind gut, aber kräftiges Altbrot sorgt für mehr Aroma. Und es muss auch nicht immer Fleisch sein: Frikadellen aus Lachs mit eingeweichtem Vollkornbrot sind köstlich!

Brotauflauf
Eine feuerfeste Form einfetten und mit gewürfeltem Altbrot füllen. Geröstete Zwiebeln darübergeben und mit einer Mischung aus Eiern, Milch, Pfeffer, Salz und geriebenem Käse angießen. Im Backofen goldbraun rösten.

Brotpudding
Brotauflauf geht auch in Süß. Dann wird die Eier-Milch-Mischung mit Honig oder Zucker aufgeschlagen. Ahornsirup ist auch sehr fein. Rosinen oder Cranberrys dazu, und wer einmal die Variante mit ein paar Marshmallows zwischen den Brotwürfeln ausprobiert hat, der wird nie wieder altbackenes Brot wegwerfen.

Brotsuppe
Mein allerliebstes Lieblingsrezept aus Brotresten ist Brotsuppe. Man sagt, Südtiroler Bauern hätten diese Suppe erfunden. Sie kocht sich fast von selbst und ist für mich der Inbegriff eines einfachen, guten Essens. Brotreste aller Art werden zerteilt und in Fleisch- oder Gemüsebrühe aufgeweicht. Ein Schuss Sahne oder Creme fraîche dazu, Salz, Pfeffer und das Ganze mit dem Pürierstab oder im Mixer zu einer cremigen Suppe verarbeiten. Ein Paar Kräuter oder Röstzwiebeln obendrauf ... fertig ist eine Delikatesse.

EINE SICHERHEITSKOPIE

Ein Sauerteigstarter, der mit uns durch dicke und dünne Brote gegangen ist, erobert irgendwann einen Platz in unserem Herzen.
Nicht auszudenken, wenn sich der heißgeliebte Sauerteig eine Schimmelspore einfangen und im Sauerteighimmel landen würde? Gegen plötzliches Dahinscheiden von Sauerteigen gibt es eine hilfreiche Maßnahme ...
Eine Sicherheitskopie! Wie? So!

Ein Blech mit Backpapier auslegen und den Sauerteigstarter dünn aufstreichen.
Wirklich dünn! Und der Starter muss wirklich aktiv und bubbelwütig sein. Getrocknet wird bei Raumtemperatur ungefähr zwei Tage lang.

Der Sauerteig ist erkennbar durchgetrocknet, wenn er ganz hell geworden ist.
Er lässt sich dann leicht vom Backpapier abziehen.

Nun kann man ihn in grobe Stücke brechen, fein zerbröseln oder zu Pulver vermalen.
Pulver ist besonders praktisch. Das feinste Sauerteigpulver entsteht im Foodprocessor. Es geht aber auch von Hand im Mörser.

Getrockneter Sauerteigstarter sollte nicht luftdicht verschlossen aufbewahrt werden.
Am besten ist ein Einmachglas mit locker aufsitzendem Deckel. Tüten aus Butterbrotpapier sind auch gut.

Und wie wird der getrocknete Starter wieder flott?
Manche geben das Starterpulver wie Trockenhefe in den Teig. Mich überzeugt diese Methode nicht.

Getrockneter Sauerteig lässt sich mit Wasser und Mehl ganz leicht wieder anschieben:
1 Teil Starterpulver
1 Teil lauwarmes Wasser
Verrühren und 2–3 Stunden stehen lassen
1 Teil Mehl – am besten Vollkornmehl – hinzufügen.
Verrühren und 12 Stunden bei Raumtemperatur stehen lassen.

Nun sollte der zum Leben erweckte Starter wieder schön blubbern. Falls nicht, bekommt er noch eine Fressrunde und weitere 12 Stunden Ruhezeit. Danach ist er bereit für Anforderungen aller Art.

TIPP
Getrockneter Sauerteigstarter ist auch ein schönes Geschenk für Homebaker. Schön verpackt in einem Glas und mit kurzer Beschreibung der Erweckungsmaßnahmen. 100 g getrockneter Sauerteig haben etwas mehr als 300 Kalorien, je nachdem welches Mehl verwendet wurde.

EIN BROT MIT IRISCHER SEELE

In den USA steht Baking Soda in jeder Küche.
Es gehört in fast alles, was im Backofen schön aufgehen und trotzdem innen feucht bleiben soll. Sodabrot hat seinen Namen vom Baking Soda. Es wird vor allem an Feiertagen gegessen, weil es eine Verbeugung ist vor den Vorfahren. Vor den irischen Vorfahren, die fast jede amerikanische Familie in ihrer Ahnenreihe hat.
Sodabrot ist so irisch wie der Shamrock – das dreiblättrige Kleeblatt – oder die Kartoffel.

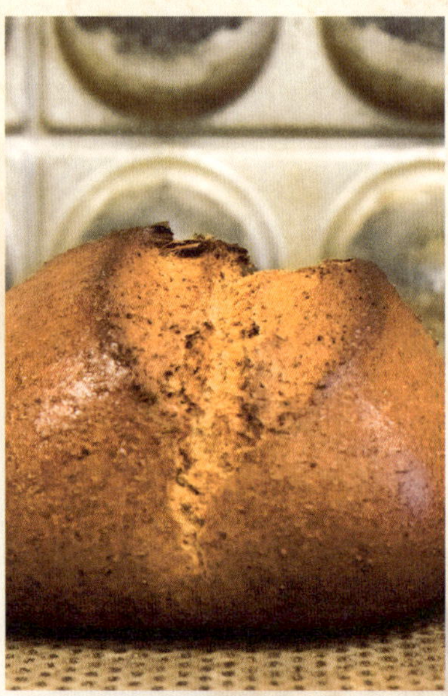

Das Sodabrot, dessen Geschmack die irischen Einwanderer im Herzen trugen, als sie ihre Heimat verließen, ist von berührender Einfachheit.
In seiner Urfassung bestand es nur aus Mehl, Salz, Baking Soda und saurer Milch ...
Bei uns gibt es Baking Soda unter dem Namen Natron. Der Sauerteig und der Hauch von Honig und Butter, die in diesem Rezept stecken, wirken da schon fast frivol. Sauerteig passt aber gut zu Natron, denn seine Säure feuert ihn an und macht das Brot zusammen mit der Buttermilch wunderbar fluffig.

420 g Weizenvollkornmehl
1 TL Salz
1 TL Natron /Baking Soda
60 g Butter
350 g Sauerteigstarter
240 g Buttermilch
1 EL Honig
1 Ei zum Bestreichen

Mehl, Salz und Natron in einer Schüssel vermischen. Die kalte Butter in kleinen Stücken dazu und mischen, bis eine krümelige Masse entsteht. In einer zweiten Schüssel die feuchten Zutaten mischen: Honig, Buttermilch und den Sauerteigstarter. Flüssiges und Trockenes vermischen und rühren, bis sich die Zutaten verbinden.
Den Teig auf eine bemehlte Arbeitsplatte geben und kneten. 20–30 Minuten lang!
Zwei Laibe aus dem Teig rund wirken. Auf ein mit Backpapier ausgelegtes Backblech legen.
In jedes Brot ein Kreuz ritzen und mit verquirltem Ei bepinseln.
Im vorgeheizten Backofen bei 180° C 35–45 Minuten backen.

TIPP
Ich empfehle, das irische Sodabrot lauwarm zu essen. Mit salziger Butter und geschlossenen Augen. Wer dabei etwas Unglaubliches sehen will, hier ist ein Bonustipp:
Eine irische Überlieferung empfiehlt, ein zerstoßenes Kleeblatt auf die Augenlider zu reiben. Warum? Weil dann durch die geschlossenen Augen eine Feeninsel zu sehen ist.

ÜBERRASCHUNGEN FÜR VITUS

Meine Zeit mit Vitus neigte sich dem Ende zu.
Es war eine gute Zeit und die Reise mit ihm wird mir unvergesslich bleiben. Durch verschiedene Länder Europas bis hierher in den Nordosten der USA.
Vitus und ich haben mit wunderbaren Menschen Brot gebacken und jedes Mal konnte ich weit mehr als ein Rezept mitnehmen. Jedes Mal war auch etwas für meine Seele dabei. Während der vielen Monate, in denen Vitus in meinem Kühlschrank wohnte und mit mir reiste, eroberte er mein Herz.

Zum Abschied hatte ich noch ein paar Überraschungen für Vitus vorbereitet, die sein Sauerteigleben entscheidend verändern sollten.
Karl De Smedt, der Sauerteig-Bibliothekar aus St. Vith, der uns zu Beginn von Vitus' Sauerteigleben die richtigen Fütterungshinweise gegeben hatte, befand sich auf dem Weg in die USA. Er würde nicht allein kommen, sondern seinen Kameramann Rik mitbringen. Die beiden würden einen Film drehen über einen bis dato unbekannten Sauerteig aus München, der es in Maine zu einem eigenen Gemälde gebracht hatte.
Und damit Vitus sein ganzes bubbelndes Können auch in bewegten Bildern unter Beweis stellen könnte, würde John das wunderbare Blaubeerbrot mit Karl ein zweites Mal backen.
Für Vitus ist außerdem ein Platz in der berühmten Sourdough Library von Puratos in St. Vith vorgesehen. Das ist wirklich großartig, denn in dieser Bibliothek werden nur ganz besondere Sauerteige für die Ewigkeit erhalten. Ich werde Vitus nach unserer USA-Reise nach Belgien bringen, für ihn ist dort ein geräumiges Glas mit der Nummer 101 reserviert.
Das Sauerteig-Gemälde von John Whalley wird aufwendig verpackt und nach Europa verschickt, um ebenfalls einen Ehrenplatz in der Sourdough Library zu bekommen. Es wird an einem grandios ausgeleuchteten Platz in Sichtweite von Vitus aufgehängt und in Zukunft werden Bäcker aus der ganzen Welt nicht nur die Sauerteig-Bibliothek besuchen, sondern auch Johns Porträt von Vitus bewundern können.

»Werde ich jetzt ein Museumsstück?«

»Kein Museumsstück, Vitus. Du bist doch quicklebendig.«

»Wer füttert mich denn in der Sourdough Library?«

»Das macht in Zukunft Karl.«

»Der Karl, der den Film mit mir bei John gemacht hat?«

»Genau! Der Karl!«

»Und wenn der mich nicht so gut rührt wie du?«

»Karl wird dich großartig rühren. Bist du etwa traurig?«

»Sauerteige zeigen keine Gefühle.«

»Stimmt nicht! Wenn du sauer bist, stinkst du, und wenn's dir schlecht geht, blubberst du kaum.«

»Darf ich meinen Lieblingslöffel von zu Hause mitnehmen?«

»Darfst du!«

»Bleibst du noch ein bisschen bei mir, wenn wir in Belgien angekommen sind?«

»Klar! Wir könnten noch einmal zusammen backen.«

»Ja bitte! Am liebsten ein Rezept, das schön lange dauert. «

ABSCHIED

EIN REZEPT, DAS SCHÖN LANGE DAUERT

Mir fiel das Abschiednehmen schwer, auch wenn ich wusste, dass es kaum eine größere Ehre für einen Sauerteig geben konnte als ein eigenes Fach in der berühmten Sourdough Library in St. Vith. Vitus war stolz, aber er tat sich mit der Trennung schwer.

Er hatte sich »ein Rezept, das schön lange dauert« gewünscht, wenn wir ein letztes Mal zusammen backen würden, und ich wollte zu diesem Anlass wirklich etwas Besonders finden.

Ich studierte alte und neue Backbücher, googelte stundenlang und fand unzählige Rezepte. Aber keines schien mir für den Abschied von Vitus gut genug.

Ich brauchte ein Rezept, bei dem Vitus noch einmal zeigen konnte, was in ihm steckt. Es sollte uns die Möglichkeit geben, unseren Abschied ein bisschen in die Länge zu ziehen, und lecker sollte es natürlich auch sein.

Kurz vor dem Heimflug aus den USA ging ich noch einmal zu meinem Lieblingsbäcker.

Ich hatte versprochen, frische Bagels nach Hause mitzubringen. Als ich mein amerikanisches Lieblingsgebäck in die Tüte plumpsen hörte, wusste ich, was wir backen würden.

Zurück in München, rief ich Karl an. »Karl, könnten wir Bagels backen, bevor Vitus endgültig bei dir einquartiert wird?«

»Wann kommt ihr?«, fragte Karl.

»Die Bagels gehen klar und das Fach in der Sourdough Library wartet schon.«

Bisher hatte ich mich nicht an Bagelrezepte herangetraut. Die Teigkringel müssen nämlich nicht nur gebacken, sondern vorher auch noch gebrüht werden wie Klöße, damit sie echte Bagels sind. Ich nahm mir vor, Karl zu fragen, ob er mir beim Backen helfen würde. Karl ist nämlich nicht nur der Chef all der wunderbaren Sauerteige in der Sourdough Library, sondern auch ein begnadeter Bäcker!

VITUS' FAREWELL-BAGELS

500 g Weizenmehl
300 g Weizenvollkornmehl
16 g Salz
16 g Zucker
80 g Sauerteigstarter
400 g Wasser

Alle Zutaten in die Rührschüssel des Standmixers geben, Teighaken einspannen und los geht's! Auf mittlerer Stufe kneten, bis der Teig sich schön ziehen lässt. Dann muss er ruhen. Abgedeckt in der Schüssel für 1 Stunde bei Raumtemperatur.
Den Teig dann zu einer dicken Rolle rollen und in 10 gleiche Stücke teilen. Jedes Stück zu einer Wurst von ca. 25 cm Länge rollen.
Bei jeder Wurst ein Ende platt drücken und einen Ring formen, bei dem das flache Ende das dicke Ende umfasst.
»Und warum kann man nicht einfach einen Teigklops formen und in die Mitte mit dem Finger ein Loch bohren?«, fragte ich. »Weil das bei echten Bagels ausdrücklich verboten ist«, antwortete Karl streng.
Die Teigringe bleiben abgedeckt 3 Stunden lang stehen und sind dann bereit für den Floattest.
Bei diesem Test wird ein Ring in eine Schüssel mit kaltem Wasser getaucht. Sinkt er ab, ist der Teig noch nicht fertig aufgegangen, steigt er hoch, sind die Bagels bereit für die »kalte Übernachtung«, wie Karl es nennt.
Bagels mögen es nämlich gern kühl vor dem Bad im heißen Wasser, deshalb müssen sie eine Nacht im Kühlschrank ruhen. Sie können dort übrigens bis zu 3 Tage lang zwischengeparkt werden, bis man sie backt.
Nach dem Kälteschlaf werden die Bagels jeweils 1 Minute lang in kochend heißes Wasser gelegt, dann mit dem Schaumlöffel wieder herausgefischt und auf ein Backblech gelegt. Bei 220 °C für 18 Minuten backen.

TIPP

Maisgrieß auf dem Backblech verhindert, dass die Bagels festkleben, und macht sie von unten besonders knusprig. Bagels lassen sich mit vielen leckeren Sachen aufpeppen. Röstzwiebeln, Spinat, Rosinen und Zimt ... Die Teigmenge oben verträgt 150 g zusätzliche Zutaten.

»Vitus, ich muss jetzt gehen!«

»Noch nicht!

»Ich muss, Vitus.«

»Danke, dass du mir so schön den Bauch gekrault hast beim Bagelbacken. «

»Gern geschehen.«

»Wird Karl wirklich nett zu mir sein?«

»Ganz sicher, Vitus. Er kennt dich, seit du ein ganz junger Sauerteig warst. Erinnerst du dich?«

»Ja, er hat gesagt, ich soll wie Apfelmus aus dem Glas plumpsen.«

»Genau!«

»Hast du an meinen Löffel gedacht?«

»Hab ich!«

»Darf ich mein Glas behalten?«

»Nein, du wirst umgefüllt in ein großes Glas und eine schöne Nummer bekommst du auch.«

»Mein neues Glas ist bestimmt sehr vornehm, oder?«

»Absolut! Du bist ja nun Teil einer sehr vornehmen Sauerteig-Gesellschaft.«

»Gehst du jetzt?«

»Ja, aber vorher muss ich dir noch etwas unter den Deckel flüstern.«

»Was Gutes?«

»Nicht so laut! Flüstern heißt ein Geheimnis haben.«

»Du willst ein Geheimnis mit mir haben?«

»Ja. Ich hab beim Bagelbacken 50 Gramm von dir abgefüllt.«

»Echt? Hab ich gar nicht gemerkt.«

»Die 50 Gramm nehme ich mit nach Hause und werde sie füttern, bis sie wieder bubbeln.«

»Dann darf ich hierbleiben und gleichzeitig mit dir nach Hause fahren?«

»Ganz genau!«

»Du kannst zaubern!«

»Nein, mein Vitus, DU kannst zaubern!«

BYE-BYE, VITUS

Vitus ist nun Teil der Sauerteig-Bibliothek von Puratos in St. Vith.
Das ist die größte Ehre, die Sauerteigen zuteilwerden kann. Sie werden dort gekühlt, gerührt und regelmäßig gefüttert. Bäcker aus der ganzen Welt reisen an, um die Library zu besichtigen, und Wissenschaftler kommen hierher, um die Fermentierung der Teige zu erforschen.
Karl De Smedt hat die Sauerteige rund um den Erdball gesammelt. Manche sind über 100 Jahre alt, andere relativ frisch. Aber jeder einzelne bringt eine besondere Geschichte mit.

Ich bin stolz auf Vitus.
Er ist mit jeder Fütterung erwachsener geworden. Inzwischen versetzt sein Können sogar erfahrene Bäcker in Erstaunen.
Jede Begegnung mit den Menschen, die wir trafen, hat ihn aufgeladen mit einer neuen Geschichte. Die von Stefan, der eine Klosterbäckerei aus dem Dornröschenschlaf erweckte, und die von Pablo, den der Sauerteig zurück in die gerade Spur brachte. Die Geschichte von Vanessa, die Porsche und Prada gegen Sauerteig eintauschte, und die von John aus Holland, der dem quälenden Gleichklang seines Lebens durch Sauerteig entkam. Die Geschichte von Josef und die von Stefan, Anil und Lais steckt tief in Vitus' Blubberblasen, und die von Barbara aus Stockholm auch. Die Geschichte der unbeirrbaren Patricia, die von John und den brasilianischen Straßenkindern und die von Johanna und ihren Töchtern ... und ein bisschen von meiner Geschichte ist auch mit drin!

Im Allgemeinen können Sauerteige übrigens nicht reden.
Bei Vitus passierte es aber dennoch eines Tages. Ich war so fasziniert davon, wie aus Mehl,

Wasser und Geduld Leben entstand, dass ich mir nicht verkneifen konnte, ihm eine Stimme zu geben. Kurz darauf bekam er von mir sogar einen Namen, denn ich wollte ihn ja ansprechen können.
Ich habe viel von Vitus gelernt. Vor allem Geduld! Und ich nehme die Erkenntnis mit, dass Sauerteige keine seelenlosen Backtriebmittel sind. Sie sind hilfsbereite und freundliche Lebewesen, die gern in Kühlschränken wohnen und das Zeug haben, diejenigen, die ihre Sprache verstehen, glücklich zu machen.

puratossourdoughlibrary.com

DANKE SAGEN…

Wenn ein Buch entsteht, wird ein Seitenplan gemacht.
Die Aufteilung festgelegt. Inhaltsverzeichnis,Kapitel, Register, Impressum und ein Eckchen für die Danksagung, in der ein paar Namen spröde aneinandergereiht werden. Bei diesem Buch habe ich gleich zu Beginn ausreichend Platz für meinen Dank reservieren lassen.
»Was willst du denn da alles schreiben?«, wurde ich gefragt. »Weiß ich noch nicht«, antwortete ich. »Ich kann doch nicht am Anfang sagen, wer am Schluss ein Dankeschön bekommen soll.« Rückblickend weiß ich, dass das ziemlich schlau eingefädelt war. Denn nun muss nicht aus Platzgründen mit Dank sparen, sondern kann aus vollem Herzen verteilen.

Der größte Dank gilt der Firma Puratos, die mich über viele Monate mit ihrem ganzen Wissen über Sauerteig und das Brotbacken versorgt hat.
Bei Puratos wird hergestellt, was Bäcker und Konditoren für ihr Backwerk brauchen. Ein riesiger Konzern, der es sich auf die Fahne geschrieben hat, den klassischen Sauerteig vor dem Aussterben zu retten. Ich habe mich auf jede Reise zum Hauptfirmensitz nach Groot Bijgaarden bei Brüssel gefreut und bei jeder Recherche in der Sourdough Library von Puratos in St. Vith konnte ich Neues zum Thema Sauerteig bestaunen. Stets war meine Arbeit von Wohlgeruch begleitet. Der Duft von frischer Kruste überall und nach getaner Arbeit durfte ich mich in den Backstuben durch die Brotregale futtern.

Das große Wissen von Stefan Cappelle und Karl De Smedt war von unschätzbarem Wert für mich.
Sie sind für mich die Sauerteig-Helden von Puratos. Es gab keine Frage rund um Brot, Getreide und Fermentierung, auf die die beiden keine Antwort wussten, und obendrein sind sie auch noch ganz besonders nette Menschen. Stefan und Karl, ich danke euch von ganzem Herzen. Die Arbeit mit euch war ein reines Vergnügen!

Ich danke Susanne Döring, die so leidenschaftlich über Brot spricht, dass man augenblicklich Appetit auf eine Butterstulle bekommt.
Würde ich nicht so gern schreiben, hätte ich nichts dagegen, ihren Schreibtisch zu übenehmen. Nicht nur wegen des Blicks auf den Grand Place, den schönsten Platz Brüssels, sondern weil sie sich von Berufs wegen um alle Brotsorten in Europa kümmern darf und um die netten Bäcker dazu. Ein Traumjob! Ich danke dir, Susanne, und dem Verband AIBI für Rat und Tat bei der Entstehung dieses Buches.

Ein Dankeschön geht auch an Dr. Thomas Hagen.
Noch jemand, den ich um sein Büro beneide. Die Aussicht ist zwar mittelprächtig, aber dafür ist es randvoll mit den herrlichsten Büchern. Bücher über alles, was schön ist. Viele sind unter seiner Verantwortung entstanden, andere darf er einfach kostenlos lesen, weil er sich über die Bücherwelt informieren muss. Mit Sauerteig konnte er anfangs nicht viel anfangen. Aber die Wucht meiner Leidenschaft für dieses Thema hat ihn einfach überrollt. Seite für Seite wurde er zum Sauerteigfan und wahrscheinlich backt er inzwischen die Rezepte aus dem Buch zu Hause heimlich nach. Für deine Unterstützung, Thomas, und die Power von DVA und Prestel, die du mir zur Seite gestellt hast, sage ich von ganzem Herzen Danke!

Und wer hat die herrlichen Fotos und das großartige Buchdesign gemacht? Barbara Simon.
Barbara und ich kennen uns seit unserer Zeit beim Fernsehen und ich bin schon lange ein Fan ihrer Fotos. Als ich sie fragte, ob sie Spaß daran hätte, Fotos und Layout für mein neues Buch zu machen, da lachte sie und sagte: »Ich bin mit schönen Büchern und schönen Schriften groß geworden. Mein Papa ist Buchbinder.« Das war eine viel bessere Antwort als ein »Ja!«. Barbara, ich danke dir für die tollen Bilder. Ich weiß, wie schwer dir das Auswählen gefallen ist. Jede Seite ist Zeuge der Leidenschaft für deine Arbeit. Das Grübeln und Diskutieren mit dir über Fotos, Farben, Schriften und Seitenaufteilung hat mir unendlich viel Freude gemacht. Danke für das wunderschöne (!) Design. Dein Vater kann wirklich stolz auf dich sein.

Ein Dankeschön geht auch an Andrea Cobré für ihre großartige Arbeit bei der Herstellung dieses Buches und an **Nancy Smith** für ihre wunderbare Übersetzung ins Englische.

Auch Stefan Dümig bekommt ein Dankeschön.
Bei ihm kaufe ich seit Jahren unser Brot. Als ich anfing, mit Sauerteig zu backen, war er die Anlaufstelle für meine allerersten Fragen. **Ich danke ihm stellvertretend für alle Bäcker.** Für die Liebe, die sie jeden Tag in ihre Arbeit stecken. Und weil Stefan Dümig den Sauerteig genauso liebt wie ich, habe ich Brote aus seiner »Dinkelbäckerei« auf dem Cover verewigt.

Und wo wir gerade über das Cover sprechen ...
den Schrank auf dem Titel habe ich für einen Euro ersteigert. Ich wusste vom ersten Moment, als ich das Foto auf Ebay sah, dass er wie gemacht ist für das Cover meines neuen Buches. Er hatte jahrzehntelang in einer Garage in Baden-Baden gestanden und war so verzogen, dass er sich kaum öffnen und schließen ließ. Bis **Viivika** kam ... Sie brachte einen Kofferraum voll Werkzeug mit und machte den Schrank wieder flott. Als sie mit ihm fertig war, war er bereit für das Covershooting. Vielen Dank dafür, Viivika.

Und ich danke **Carmita und Pierre** für ihre Gastfreundschaft, die jedes Mal mein Herz gewärmt hat, wenn ich in Belgien gearbeitet habe.
Bernadette und Nick danke ich für die Zeit in White Plains und in Pennsylvania. Nach den Wochen bei euch schrieben sich die letzten Texte fast von selbst und viele neue Ideen kamen noch dazu. Für diese Inspiration, Bernadette, und vor allem für deine Freundschaft danke ich dir von ganzem Herzen!

Und zu guter Letzt, aber mit dem Herzen einer Mutter danke ich meinem Sohn Tim.
Er ist mit mir während der ersten Sauerteigexperimente durch »dick und dünn« gegangen. Vor allem durch »dünn«, denn die Anfängermodelle waren flach und ziemlich hart. Mein Sohn hat sich tapfer durchgebissen in der Hoffnung auf bessere Zeiten. Die dann auch kamen, als Vitus die Arbeit aufnahm. Danke für deine Geduld, mein Sohn. In Liebe, deine Mama.

ANGEBISSEN?

Wer mehr wissen will über Sauerteig und praktische Hilfe sucht, der ist bei **YouTube** in guten Bäckerhänden. Es gibt Videos zu allen Fragen des Sauerteigbackens, von Profis und von Hobbybäckern. Einfach ein Suchwort eingeben und das passende Tutorial anschauen!

Außerdem gibt es **Facebook-Gruppen**, in denen leidenschaftlich mit Sauerteig gebacken wird. Man kann still mitlesen oder ganz aktiv kommentieren, Fragen stellen und sogar neue Freunde finden.

Einige Empfehlungen:

www.facebook.com/groups/Sauerteigforum/
www.facebook.com/groups/bakingbreadathome/
www.facebook.com/groups/Breadmania/
www.facebook.com/groups/universalbread/
www.facebook.com/groups/perfectsourdough/

Auch **Pinterest** und **Instagram** sind eine Fundgrube für Sauerteigbäcker, vom Anfänger bis zu Fortgeschrittenen. Unter dem Suchwort »Sauerteig« oder »Sourdough« öffnen sich unzählige herrliche Seiten.

Noch größer ist die Auswahl, wenn man das ganze Internet zurate zieht.

Hier nur ein paar meiner Lieblingsseiten:

www.ploetzblog.de
www.der-sauerteig.com/
www.brotdoc.com/
www.thequestforsourdough.com/
www.mydailysourdoughbread.com/
www.theperfectloaf.com/
www.thebakingnetwork.com/
www.breadandcompanatico.com/
www.sourdough.co.uk/
www.bread-magazine.com/

www.thefreshloaf.com/
www.beeshamthebaker.com/
www.theclevercarrot.com/
www.farine-mc.com/

Vitus hat nicht nur einen Platz in meinem Herzen und ein eigenes Buch.

Er ist jetzt auch eine virtuelle Berühmtheit in der **Quest for Sourdough von Puratos**. Das ist eine wirklich große Ehre.

www.thequestforsourdough.com/blog/vitus

Und einen eigenen Film hat er auch!

Und er wird sich auf meinem **RAUMSEELE-Blog** zu Wort melden:

www.blog.raumseele.de

Dort gibt es auch eine »translate«-Taste für verschiedene Sprachen.

INFORMATIONEN MIT STERN

Seite 10 * Da die Sauerteig-Bibliothek nicht öffentlich zugänglich ist, kann man mit Karl De Smedt einen virtuellen Rundgang machen. www.puratossourdoughlibrary.com

Seite 13 * Ein paar besonders schöne und informative Blogs und Facebook-Gruppen habe ich in der Linkliste auf Seite 189 zusammengefasst. Das ist aber nur ein winziger Ausschnitt. Es gibt unzählige mehr.

Seite 19 * Einzelne Bereiche des Klosters sind für Besichtigungen immer dienstags bis sonntags von 14–16 Uhr geöffnet. Nach telefonischer Vereinbarung gibt es auch individuelle Klosterführungen, und es gibt tolle Räume, die man für Seminare buchen kann. Infos gibt es hier: olaf.ude@klosterwettenhausen.de

Seite 45 * Ich mag die Mock Mills besonders gern. Nicht nur, weil sie so hübsch sind. Wolfgang Mock hat sie erfunden. Gesunde Mehle sind seine Leidenschaft. www.wolfgangmock.com/mockmill-100.html

** Die Aufsatzmahlwerke von Mock sind noch kleiner, aber fast genau so stark. www.wolfgangmock.com/mockmill.html

Seite 57 * Meine liebsten Emailletöpfe sind vom Flohmarkt. Altes Emaille ist wirklich unkaputtbar. Nach guter, alter Art stellt das Traditionsunternehmen Riess in Österreich bis heute robustes Emaille für die Küche her. www.riess.at

** Meine Lieblingsbräter sind von Le Creuset. Sie helfen mir nicht nur ganz wunderbar beim Brotbacken, sie können auch braten und schmoren – und freundliche Farben haben sie auch. www.lecreuset.de/material/gusseisen

*** Edelstahltöpfe ohne Plastikteile sind auch gut zum Backen. Sie sind leichter als gusseiserne Bräter. Das hat Vorteile, wenn sie bei 250 °C aus dem Ofen kommen. www.lecreuset.de/material/edelstahl

Seite 75 * Ich mag Traditionsunternehmen. Firmen, die seit Generationen richtig gute Produkte machen. So wie die Güdes aus Solingen. www.guede-solingen.de

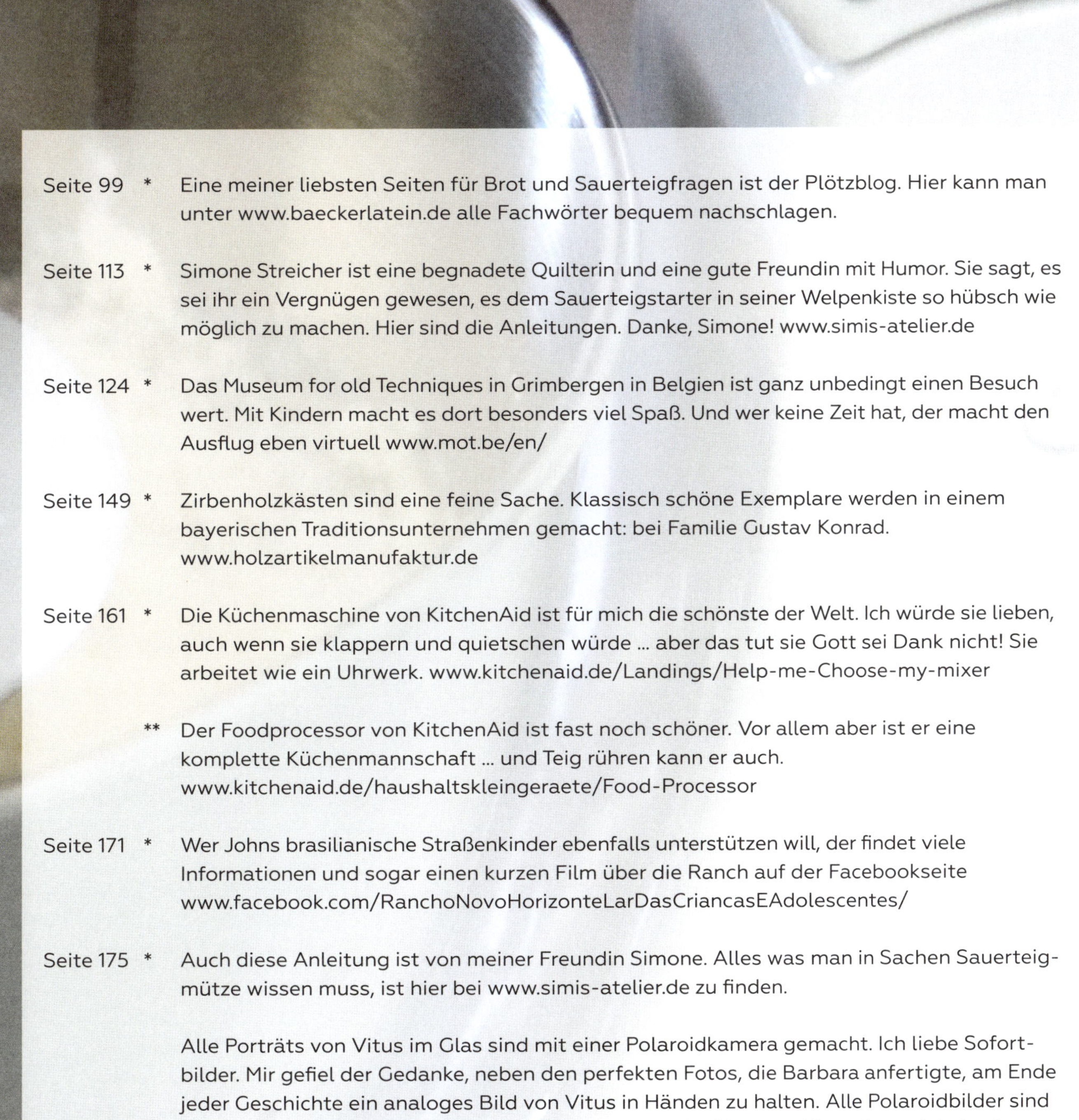

Seite 99 * Eine meiner liebsten Seiten für Brot und Sauerteigfragen ist der Plötzblog. Hier kann man unter www.baeckerlatein.de alle Fachwörter bequem nachschlagen.

Seite 113 * Simone Streicher ist eine begnadete Quilterin und eine gute Freundin mit Humor. Sie sagt, es sei ihr ein Vergnügen gewesen, es dem Sauerteigstarter in seiner Welpenkiste so hübsch wie möglich zu machen. Hier sind die Anleitungen. Danke, Simone! www.simis-atelier.de

Seite 124 * Das Museum for old Techniques in Grimbergen in Belgien ist ganz unbedingt einen Besuch wert. Mit Kindern macht es dort besonders viel Spaß. Und wer keine Zeit hat, der macht den Ausflug eben virtuell www.mot.be/en/

Seite 149 * Zirbenholzkästen sind eine feine Sache. Klassisch schöne Exemplare werden in einem bayerischen Traditionsunternehmen gemacht: bei Familie Gustav Konrad. www.holzartikelmanufaktur.de

Seite 161 * Die Küchenmaschine von KitchenAid ist für mich die schönste der Welt. Ich würde sie lieben, auch wenn sie klappern und quietschen würde ... aber das tut sie Gott sei Dank nicht! Sie arbeitet wie ein Uhrwerk. www.kitchenaid.de/Landings/Help-me-Choose-my-mixer

** Der Foodprocessor von KitchenAid ist fast noch schöner. Vor allem aber ist er eine komplette Küchenmannschaft ... und Teig rühren kann er auch. www.kitchenaid.de/haushaltskleingeraete/Food-Processor

Seite 171 * Wer Johns brasilianische Straßenkinder ebenfalls unterstützen will, der findet viele Informationen und sogar einen kurzen Film über die Ranch auf der Facebookseite www.facebook.com/RanchoNovoHorizonteLarDasCriancasEAdolescentes/

Seite 175 * Auch diese Anleitung ist von meiner Freundin Simone. Alles was man in Sachen Sauerteigmütze wissen muss, ist hier bei www.simis-atelier.de zu finden.

Alle Porträts von Vitus im Glas sind mit einer Polaroidkamera gemacht. Ich liebe Sofortbilder. Mir gefiel der Gedanke, neben den perfekten Fotos, die Barbara anfertigte, am Ende jeder Geschichte ein analoges Bild von Vitus in Händen zu halten. Alle Polaroidbilder sind kostbare Erinnerungen für mich und hängen nun an der Pinnwand in meinem Arbeitszimmer.

REGISTER

ISBN 978-3-8094-4173-1

Sonderausgabe

3. Auflage 2021

Konzeption und Produktion: Martina Goernemann
Fotos und Design: Barbara Simon, außer S. 51 li o und u: privat

Lithographie: Helio Repro, München
Druck und Bindung: Mohn Media Mohndruck GmbH, Gütersloh

Printed in Germany

Penguin Random House Verlagsgruppe FSC® N001967